Michael Hoffmann

Wenn die Agave blüht

Roman

Mauer Verlag
Wilfried Kriese
72108 Rottenburg a/N
Buchgestaltung: Wilfried Kriese
Titelbild: Privat
2009
ISBN 978-3-86812-204-6

www.mauerverlag.de

Für Anke

Inhalt

Eine kurze Erklärung

Es werden sich die geschätzten Leserinnen und Leser fragen, was eine Agave mit einem Abenteuer in Kanada zu tun hat. Natürlich nichts, denn die Geschichte beginnt in Deutschland. „Auch in Deutschland gibt es keine Agaven", werden Sie nun mit Recht behaupten. Das stimmt, zumindest nicht in der freien Wildbahn. Aber ab und zu sieht man diese Pflanze in Gärten stehen. Über den Winter werden sie frostfrei untergestellt, um dann im Frühling erneut wieder im Freien die Herzen zu erfreuen.

Eine Agave ist im trockenwarmen Amerika beheimatet. Es gibt über dreihundert
Arten. Die Agave kann sehr alt werden und blüht nur einmal, aber dafür umso prächtiger. Danach stirbt sie, aber nicht, bevor sie jedes Jahr reichlich Absenker gebildet und damit genügend zur Erhaltung ihrer Art beigetragen hat.

So eine Agave ist gemeint. Diese Pflanze stand irgendwo in Deutschland in einem kleinen Garten. Jedes Jahr in der kalten Jahreszeit schaffte der Besitzer sie mit großer Mühe und Sorgfalt in den Keller, wo sie dann in aller Ruhe überwintern konnte. Sie war ein richtig großes Gewächs geworden, hatte viele Jahre schon in einem mächtigen Topf überlebt und brachte bestimmt so über hundert Kilo auf die Waage. Viel Pflege war notwendig, immer in der Hoffnung des baldigen großen Ereignisses, der Blüte. Ein Experte, der sie einmal begutachtet hatte, sagte, dass sie in ein oder zwei Jahren blühen könnte. Darauf wurde nun mit großer Sehnsucht gewartet, denn der Moment des Erblühens sollte dem Besitzer einen großen Herzenswunsch erfüllen. Aber es sollte alles ganz anders kommen...

Vorwort

Das Leben hatte mich, im wahrsten Sinne des Wortes, auf einen Pfad geschickt, den ich mir selbst in meinen kühnsten Träumen niemals hätte vorstellen können. Aber man kann mir wirklich glauben: in mir wohnten große Träume, sehr große sogar und eine gewaltige Vorstellungskraft. Dafür war ich bekannt, beliebt, aber auch von phantasielosen Zeitgenossen als Spinner verschrien. Das wirkliche Leben schreibt eben doch die tollsten Geschichten. Aber diese ist so ungewöhnlich, widerspricht so sehr selbst den wagemutigsten Vorstellungen, dass sie es wert ist, aufgeschrieben zu werden.

Und so begann diese Geschichte, ein Abenteuer, fern ab der Heimat und jeglichen bürgerlichen Normen und Vorstellungskraft.

Flucht

Von der sich selbst so ernannten „zivilisierten Menschheit“ kommend, stand ich nun vor dieser von der „zivilisierten Menschheit“ genannten Wildnis Kanadas und tauchte in diese ein. Ich konnte es selbst kaum glauben. Vor mir lag dichtester unwegsamer, menschenleerer Urwald und ich ging immer weiter, einfach immer weiter hinein.

Schon nach wenigen Metern war jegliche Verbindung zum Gewohnten verloren. Ich drehte mich noch einmal um und konnte die Schotterfahrbahn, auf der ich vor wenigen Minuten aus einem Jeep gestiegen war, nur noch erahnen. Diese Fahrbahn schlängelte sich durch endlose Wälder und vermutlich führte sie irgendwo und irgendwann ins Nichts. Ein Indianer, der zur Jagd wollte, hatte mich bis an diese Stelle mitgenommen. Wir unterhielten uns nicht viel. Ab und zu lächelte er zu mir rüber und ich hatte das Gefühl, dass er mit dem Wissen, dass ich aus Deutschland war, nicht viel anfangen konnte. Eine gute Stunde waren wir gefahren, seitdem ich die letzte Siedlung verlassen hatte. Ich sagte ihm, dass ich schon seit Jahren von einem Trip in diese Gegend träumte und es nun endlich an der Zeit war, es zu verwirklichen. Er wünschte mir viel Glück und eine schöne Zeit. Wenn auch selten, aber nicht ungewöhnlich, flüchten zivilisationsgeplagte Naturburschen oder auch Gruppen von Abenteurern für einige Zeit vor den Bequemlichkeiten menschlicher Errungenschaften, vor dieser „ticktock –Gesellschaft“. Für eine Weile brechen sie aus und verlassen ihren vorgeschriebenen Platz, um wenigstens einmal oder wenn es klappt, mehrere Male in ihrem Leben den großen Traum zu verwirklichen, dem Ursprung nahe zu sein. Sich zu beweisen, dass man mit einem Taschenmesser und einer Rolle Strick überleben kann, um dann nach einigen Tagen wieder genüsslich in der Badewanne zu liegen, stolz, die Wildnis bezwungen zu haben.

Lange hörte ich noch eines der wenigen Fahrzeuge, meist große Trucks, beladen mit Baumstämmen, die diese abgelegene Straße befuhren. Aber bald war auch diese akustische nun allerletzte Verbindung zur Menschenwelt abgebrochen.

Nun war ich angekommen in dieser Wildnis, von der ich seit Monaten wusste, dass es mein letzter Aufenthaltsort in diesem verkorksten Leben werden sollte. Oft hatte ich gezweifelt, ob ich den Mut finden würde, diesen Weg zu gehen, aber ich wollte mein Leben beenden. Nicht so wie die anderen Selbstmörder. Ich wollte nicht durch meine eigene Hand sterben, sondern es der Natur, dem Schöpfer oder wem auch immer überlassen, der hatte mich schließlich in dieses Leben hineinbefördert. Sollte er nun gefälligst auch dafür sorgen, mich wieder hinauszubefördern. Wie oft hatte ich in früheren Zeiten von der unberührten Natur Kanadas geträumt. Ein Blockhaus am See, weit ab jeglicher Zivilisation, weit weg von Lüge und Geldwahn, weg aus dieser von mir als so verlogen empfundenen Gesellschaft. Aber jetzt spielte das alles keine Rolle mehr.

Ich saß an einen Baum gelehnt und war nur noch neugierig, wie lange es dauern würde, bis ein Stadtmensch wie ich hier jämmerlich zu Grunde gehen würde. Nur mit etwas theoretischen Wissen ausgestattet und einer Ausrüstung, die für so einen Ahnungslosen wie mich eigentlich keine war, konnte es doch nur eine Frage der

Zeit sein, bis ich meinen Löffel abgeben musste. Genau deshalb war ich hier. Nicht um zu überleben, ich wollte sterben. Erst jetzt, am Ort der tausendfachen Möglichkeiten ins Gras zu beißen, dachte ich das erste Mal so richtig darüber nach, wie es geschehen könnte. Bei der Vorstellung, von einem Bären gefressen zu werden, weil ich irgendwo halb verhungert am Boden liege, empfand ich jedoch etwas Unbehagen und so entschloss ich mich, meine Gedanken anderen Dingen zu widmen. Jedenfalls war die Chance zu überleben für mich gleich null und das sollte sie auch sein. Nur hier und jetzt noch nicht. Ich war ja eben erst eingetaucht, gerade mal einige Kilometer von der Schotterstraße entfernt. Oder waren es mehr oder sogar weniger?

Manchmal bildete ich mir ein, noch Fahrzeuggeräusche zu hören. Hätte ich keinen Kompass gehabt, ich hätte nicht die Richtung gewusst, in die ich gehen wollte. Nur weg von diesem Leben, weit weg von dem Schmerz und dem Leid, immer in Richtung menschenleerer Wildnis. Alles lag nun beim lieben Gott. Nur er wusste, wie es weiterging. So stolperte ich mehr, als ich ging, durch diese vor Kraft strotzende Natur. Einen Weg gab es nicht. Der Wald war so dicht, ich konnte kaum die Sonne sehen. Nur ab und zu lugte sie durch das Blätterdach und sah, dass ich mich weiterbewegte. Stunden waren vergangen. Ich hatte Durst und die Glieder schmerzten. Müde warf ich meine Kraxe ab und setze mich auf den Stamm eines umgestürzten Baumes. Er war einfach umgefallen und gestorben. Irgendwann würde er zu Kompost, zu fruchtbaren Boden, zu Quell neuen Lebens. So, wie vermutlich auch ich irgendwann in diesen Urzustand zerfallen und wieder in den ewigen Kreislauf eingehen würde. Bei diesem Gedanken bekam ich Gänsehaut. Aber dafür war mein Grab wohl das schönste der Welt, unermesslich groß, sauber und fast unberührt, mit allem bewachsen, was man sich nur vorstellen konnte.

Mit dem Wetter hatte ich Glück. Es war warm. Die Luft war trotz der hohen Temperatur angenehm frisch und ich atmete sie tief und genüsslich ein. Mein Gesicht reckte sich dabei den Sonnenstrahlen entgegen, die diesen herrlichen Rastplatz erreichten. Einige Meter vor mir plätscherte ein kleiner Bach und ich genoss das kühle, klare Nass. Noch nie hatte ich so wohlschmeckendes Wasser getrunken.

Ich durchstöberte meine Ausrüstung. Einen kleinen Vorrat an Überlebensutensilien hatte ich eingepackt, denn ich wollte mich nicht gleich am Anfang dieser allerletzten Reise zum Sterben ablegen. Ein wenig wollte ich dieses letzte Abenteuer noch erleben, bevor alles zu Ende gehen sollte.

Nie hatte ich in den vergangenen Jahren den Mut gefunden, meine Träume zu verwirklichen. Das Leben als erfolgreicher Unternehmer und letzten Endes auch der sehr bequeme Wohlstand ließen nur in Zeiten von Stress und Ärger die Träumereien über ein freies, ruhiges und unabhängigen Lebens zu. Frei von jeglichen Normen und ständigen Kompromissen der nur noch um das goldene Kalb tanzenden Gesellschaft den Rücken zu kehren, nur noch für mich verantwortlich zu sein, das wäre was gewesen. Allerdings war am anderen Morgen meist alles vergessen. Die gesellschaftlichen Zwänge, meine Gewohnheiten und letztlich die Bequemlichkeiten der Zivilisation trieben mich wie automatisch zurück. Trotzdem ereilte mich in regelmäßigen Abständen immer wieder dieser Traum. Er erinnerte mich, so sehe und verstehe ich es heute, an mein wahres Selbst. An eine Vision, an meine Berufung, deren Verwirklichung ich irgendwann im Leben einmal verpasst hatte. Das empfand ich allerdings nur intuitiv und nicht mit dem Verstand, der mich damals komplett beherrschte. Dieser Verstand, der mit meinem Ego hervorragend kooperierte, ließ mich allmorgendlich immer wieder in den Morast der materiellen Gier springen, um mich darin für meinen Wohlstand und die gesellschaftliche Anerkennung zu suhlen. Der Verstand war es, der mich immer wieder in meine gewohnte Umgebung zurück rief: „Hier ist dein Leben, du hast dir das alles aufgebaut. Willst du darauf verzichten? Hier kennst du dich aus. Gehe keinen neuen Weg. Er birgt nur Gefahren und dein Leben ist doch so herrlich, es läuft doch alles prima!" Mein Verstand arbeitete vorbildlich mit mir und mein Ego setzte immer noch einen oben drauf: „Ist es nicht berauschend, wenn du mit deinem dicken Schlitten durch die Straßen fährst, du überall eingeladen wirst, die Leute zu dir aufschauen, der herrliche Neid, der dich umgibt, das Staunen deiner Gäste, wenn sie dein tolles Haus besichtigen, deine Macht, das Geld und vor allem die schwärmerischen Blicke zahlreicher Frauen, die gerne an deiner Seite wären und ganz im Vertrauen die zahlreichen amourösen Abenteuer?" Nur so ist Leben in seiner wünschenswertesten Weise zu verstehen, das ist das Ziel und alles, worauf es ankommt!

So dachte ich damals und war stolz auf mich. War ich nicht ein toller Kerl! Oh, herrliches Leben, ich war begnadet und begünstigt, durch meine Mitarbeiter, die für gute Gewinne sorgten und durch das Finanzamt, das mir je-

des Jahr einen beträchtlichen Teil meiner Steuern erließ. An dieser Stelle sei bemerkt, dass es mir nicht darauf ankommt, das Unternehmertum schlecht zu reden. Ich spreche oder schreibe hier nur für mich. Es geht um diese ganz eigene Geschichte, um mein Schicksal, wie es sich in seiner Entwicklung und Wandlung darstellt. Und es geht um innere Einstellungen.
Wenn ein Unternehmer aus berufenem Anlass ein Geschäft aufbaut, es im Hinblick auf Gewinn betreibt und hier liegt auch der Sinn, aber der Erfolg nicht nur in der Befriedigung seines Egos besteht, sondern auch moralisch, ethische, humanistische Werte den Maßstab mitbestimmen, wenn er seine gesellschaftliche Verpflichtung wahrnimmt, dann ist so ein Unternehmer Garant einer wirklichen sozialen Marktwirtschaft und seines wohlverdienten Erfolges. Allerdings hatte mich die Praxis auch etwas anderes gelehrt. Es ging meistens nur noch um Geld und den daraus entspringenden Machtanspruch. Das schlimmste daran ist, dass diese Politik dafür sorgt, dass es immer besser funktioniert. So wurden dann die „demokratisch gewählten“ Politiker selbst immer mehr zu Unternehmern, die nur noch versuchen, von Geldgier und Machtwahn getrieben ihr eigenes Schäflein ins Trockene zu bringen, denn schließlich sind sie ja auch nur ihrem Gewissen verantwortlich. Vermutlich haben einige davon nur keines. Schade um die wenigen, die mit Ehrlichkeit und Überzeugung meist zum Scheitern verurteilt sind.

Heute weiß ich, dass mein eigentliches Leben an mir vorbei ging. Das Glück suchte ich nur im Außen und mein Inneres, mein wahres Selbst, blieb bis auf die vernebelten Träumereien auf der Strecke. Der Lebensstandard war hoch, die Lebensqualität jedoch gleich null. So sah ich es natürlich nicht und verwechselte Lebensqualität mit den Ausschweifungen eines Großkotzlebens.

Ich kramte weiter meine Ausrüstungsgegenstände hervor. Als ich die schmerzstillenden Tabletten sah, lächelte ich so vor mich hin, denn mit Zahnschmerzen aus dem Leben zu gehen fand ich nicht so prickelnd. Um meine gesamte Habe in Augenschein zu nehmen, legte ich alles geordnet und behutsam, fast wie ein Ritual, vor mir auf den Waldboden. Schließlich war es mein gesamter Besitz. Das war nun übrig geblieben, von diesem Wohlstand, Erfolg und dem daraus erwachsenen vermeintlichen Glück: Ein großes Paket Streichhölzer und einige Wegwerffeuerzeuge, Kochgeschirr mit Wasserflasche, Besteck, ein Regenumhang, wärmende Unterwäsche, ein dicker Pullover, Mütze und Handschuhe, Schlafsack mit Isomatte, eine drei mal vier Meter große Plane, ein Seil, eine Rolle festen Strick. Einige Lebensmittel sollten mich nicht gleich von Beginn an vor Hunger verzweifeln lassen. So hatte ich Brühwürfel und Teebeutel im Gepäck. Auch zwei Kastenbrote und geräucherte Schinken, zwei herrlich große, duftende Stücke, sollten das letzte Mahl zu einem würdigen Abschiedsessen werden lassen. Einige Beutelsuppen, Büchsen mit Wurst, eine Tüte Mehl und einige Tütchen Trockenhefe sollten den Abschied etwas erträglicher machen. So für alle Fälle, dachte ich bei dem letzten Einkauf und meine Dollars mussten ja auch alle werden. Am Gürtel trug ich ein handliches Beil und ein großes Messer. Es war sehr scharf und stabil, eines von denen, die als Überlebensmesser verkauft werden. Im Griff befanden sich Angelsehne und Haken, ein Büchsenöffner und einige Streichhölzer mit einer Reibefläche als allerletzte Notreserve, alles wasserdicht verpackt. Der Verschluss des Griffes bestand aus einem kleinen Kompass, der zumindest die Himmelsrichtung richtig anzeigte. Ein richtiger Naturbursche würde mit dieser Ausrüstung überleben. Nur gut, dass ich keiner war und somit mein Schicksal besiegelt werden konnte. Ich hatte diesen letzten, wenn auch außergewöhnlichen, Weg gewählt und wollte ihn nun bis zu Ende gehen. Die vergangenen zwei Jahre meines Lebens waren eine einzige Katastrophe. Nichts brachte ich mehr fertig, nichts richtig bis zu Ende. Gute Chancen verspielend, gab ich immer schnell auf, resignierte bei Schwierigkeiten, bekam Depressionen. Alles war nur noch Last. Ich machte mich lächerlich, teilweise unbeliebt. Meist erntete ich nur noch Mitleid und war auf die Gnade anderer angewiesen. Alles war mir zutiefst unerträglich geworden, ich hatte zu nichts mehr Lust. Nun, ausgerechnet mein letztes Vorhaben schien so, als würde ich es zu Ende bringen. Immerhin war ich bis hierher gekommen. Wenn ich schon nicht in der Lage war, mein Leben wieder in den Griff zu bekommen, so wollte ich es wenigstens erfolgreich zu Ende bringen. In diesem Augenblick war ich direkt etwas stolz, denn es war ein weiter Weg bis an diesen Ort und ich hatte es tatsächlich fertig gebracht, ihn zu gehen. Ich saß irgendwo im kanadischen Wald und wusste in diesem Augenblick nur, dass vor mir unberührte, menschenleere Urwald lag.

Vor ein paar Tagen war ich aus meiner vertrauten, aber mir nun unerträglich gewordenen Umgebung in Deutschland einfach weggegangen. Wochen vorher hatten unbemerkt die Vorbereitungen begonnen. Emotionslos, wie geistig abwesend, vollzog ich jede Handlung. Lustlos dem Leben gegenüber meldete ich mich überall ordnungsgemäß ab, kündigte mein Konto, verkaufte alles, was noch zu verkaufen war. Der Rest wurde verschenkt und was keiner mehr wollte, entsorgt. Die Trennung von Altvertrautem fiel mir erstaunlich leicht, erinnerte doch vieles an vergangene Zeiten, an eine kaputte und zu Ende gegangene Ehe und eine nicht mehr existierende Firma. Aber auch an Zeiten voller Familienglück und einem erfolgreichen Unternehmerleben. Ich wollte nur noch weg und sterben.

So war ich bis hierher gekommen, in ein Gebiet, das vor Leben nur so strotzte, aber mein Grab werden sollte. Jetzt hatte ich wieder ein Ziel vor Augen, wenn auch das letzte, was zu erreichen war. So hatte ich früher immer gelebt, so war ich mal erfolgreich geworden. Ein Ziel, ein Plan - und los ging es. Große Begeisterung erfasste mich jedes Mal, wenn eine Idee reifte und daraus ein neues Vorhaben wurde. Ich war nie aufzuhalten, Rückschläge steckte ich leicht weg und ein Problem war lediglich eine Herausforderung. So entwickelten sich unser Familienglück und Geschäftsleben ständig nur aufwärts. Von fast allen wurden wir bewundert. Aber auch Neid und Missgunst entstand, sogar von Menschen, die uns immer sehr nahe standen. Irgendwann bemerkte ich, wie sie sich Stück um Stück abwendeten und über uns urteilten. Sie fühlten sich in unserer Nähe nicht mehr wohl. „Wir sind doch nicht mehr gut genug, sie bewegen sich in Kreisen, da gehören wir nicht hin, die haben doch nur noch ein Thema, Geschäfte und Geld und noch eine Firma gründen und noch eine.“

Am Anfang konnten wir es nicht verstehen, dass Menschen, mit denen wir viele Jahre gut befreundet waren, ja, sogar die eigene Familie, so dachten. Aber irgendwann war es uns egal geworden. Natürlich stellten wir unsere Erfolge zur Schau und waren stolz auf diesen Wohlstand. Der Freundeskreis veränderte sich mit rasanter Geschwindigkeit. Irgendwann waren es nur noch Geschäftsleute, die ebenfalls so lebten wie wir oder so taten. Damals bemerkte ich noch nicht, dass diese Anerkennung eigentlich nichts mit uns zu tun hatte. Es waren der Wohlstand und die Statussymbole, mit denen wir uns umgaben, die aber, wie auch bei den meisten der anderen, aus Krediten bestanden, die diese künstlichen und in einem hohen Grade falschen Freundschaften entstehen ließen. Solange die Geschäfte gut liefen, war die Welt für alle in Ordnung und die Banken spielten, so lange sie ohne Risiko waren, fast jedes Spiel mit. Geld war kein Problem mehr, die Risiken lagen nur bei uns. Aber wen störte es, so lange gute Gewinne erzielt wurden. Die besten Absprachen konnte man auf so genannten Geschäfts-,Wohltätigkeits- oder Benefizveranstaltungen machen. Dort traf man sich, um seine wahre Größe zu zeigen, war sehr spendabel und ließ sich gebührend dafür feiern. Mehrere Fliegen konnte man so mit einer Klappe schlagen. Zum einen ergaben sich die besten Geschäftsabsprachen, zum anderen stieg der Bekanntheitsgrad in der Geschäftswelt. Die Höhe der Spende drückte den Wohlstand in aller Öffentlichkeit aus und konnte so mit einem großherzigen Gefühlsgehabe und dem aufgesetzten Mienenspiel der Barmherzigkeit geschickt kaschiert werden. Was gab es edleres als armen Kinder in der dritten Welt zu helfen? Mit einem Betrag, der zwar großzügig ausfiel, aber meist den Preis des schmückendes Beiwerkes um Hals, Arm und Finger der mitgeführten Dame nicht überstieg und immerhin

wurde am Jahresende durch das Finanzamt alles wieder ausgeglichen.
Ich merkte das alles nicht, sondern fühlte mich wie ein kleiner Gott im Reich meiner Herrschaft und meiner guten Taten sehr erhaben. Dass dabei langsam und unmerklich nur eine Kulisse entstand, bemerkte ich nicht. Es war nun die Welt, in der wir lebten, die Welt der Reichen und Schönen. Der Blick ging zu denen, die noch mehr aufzuweisen hatten. Fast unmerklich wurden unsere Kinder größer und irgendwann waren sie erwachsen. Unsere Ehe war ein Erfolgsunternehmen geworden. Anfänglich eine romantische Liebesbeziehung und von Idealen getragen, folgten wir nur noch dem Status, unserem Ansehen und berauschten uns an den Verlockungen dieser Geldgesellschaft, in der alles zu haben ist, wenn man nur liquide war. Aus einem Miteinander wurde ein Nebeneinander, denn auch meine Frau bastelte an ihrer Karriere. Wir sahen uns immer seltener. Irgendwann verlor ich den Boden unter den Füßen und entwickelte mich zu einem Supermacho. Der Erfolg war mir ins Gesicht geschrieben und so strahlte ich als Michael Großkotz in die Welt. Nun ging es Schlag auf Schlag. Ich trieb mich in Kreisen herum, wo das Geld dominierte, aber meist Moral und Anstand auf der Strecke blieb. Dort ist jeder immer willkommen, so lange das Geld reicht und es gekonnt zur Schau getragen wird. Natürlich tummeln sich auch dort die tollen Frauen, die es den Männern sehr leicht machen, ihren lüsternen Gedanken im wahrsten Sinne des Wortes auf die Sprünge zu helfen. Auch ich wurde Ziel solcher Attacken und fühlte mich von mal zu mal erhabener. Mein Ego platzte bald vor Selbstherrlichkeit und ich gab mich genüsslich diesen süßen Verlockungen hin. Es war

wie eine Droge, ich lebte nur noch im Rausch der Begierde, vergaß mich selbst und meine Ideale. Ich erlebte die amourösesten Abenteuer, die meine Phantasie noch um einiges überflügelten. Jedem Mann, der an dieser Stelle ins Schwärmen kommt, sei gesagt, dass nichts, aber auch gar nichts gegen die von der Natur in unser Hirn gemeißelte Begierde einzuwenden ist. Aber eines ist mir heute klar: den Schmerz, den man einem anderen Menschen zufügt und in diesem speziellem Fall war es der Schmerz, den ich meiner Frau zufügte, dieser Schmerz schlägt irgendwann und wenn es auch Jahre dauert, mit aller Brutalität erbarmungslos zurück.
Die Sexualität ist das Schönste, was uns die Natur und wer es so will, diese Schöpfung mitgegeben hat. Aber zu ihrer Vollkommenheit gelangt sie erst in einer wahren Liebesbeziehung, denn aus ihr erwächst alles Lebenswerte und schafft wohl so die Möglichkeit, auch hier auf Erden das Paradies zu erkennen. Ich hatte diese Erfahrung doch bereits gemacht, dieses Geschenk schon einmal erhalten. Wie großzügig war das Leben doch mit mir umgegangen! Wie konnte ich das nur alles vergessen und in diesen Sumpf abgleiten.

Man trifft sich im Leben immer zweimal, behaupten manche Leute. Hier traf es mich mit voller Wucht. Das, was ich einem Menschen zugefügt hatte, schlug nun mit doppelter Wucht zurück und ich begriff, dass das Leben so lange Nachhilfeunterricht erteilt, bis man seine Lektion gelernt hat. Irgendwann gab es dann den großen Knall. Nichts bleibt auf ewig im Verborgenen. Dass ich in aller Munde war, merkte ich wohl, es steigerte nur noch mehr mein zu mächtig gewordenes Ego. Dass es Neider gab, registrierte ich mit Genugtuung. Allerdings interessierten sie mich nicht, aber genau einer davon brachte mich zu Fall. Seit geraumer Zeit spürte auch meine Frau, dass unsere Ehe nur noch auf dem Papier existierte. In meiner Arroganz merkte ich nicht, dass auch sie sich verändert hatte. Ein Freund der Familie hatte unsere Situation durchschaut und bemühte sich, sie mir zu entreißen, was ihm in Anbetracht dieser Situation auch gelang. Irgendwann hielt sie es nicht mehr aus und eröffnete mir ihre Absicht, sich von mir zu trennen. Nur kurz war mein Erstaunen, war doch wirklich nicht viel von dieser Liebe übrig geblieben und es war für uns beide eher eine Befreiung. Ich wusste, dass ich diesen Stein ins rollen gebracht hatte, dieser Ehe schon vor Jahren keine Zukunft mehr gab . Sie besaß den Mut, diese nun zu beenden. Heute bin ich ihr für die Ehrlichkeit und den Mut, den ich wohl nie gehabt hätte, sehr dankbar. Nur einen Tag später bin ich aus unserer Wohnung ausgezogen. Mehr als ein paar persönliche Dinge hatte ich nicht mitgenomme. Kurze Zeit danach zog mein Ex-Freund zu meiner Ex-Frau in meine Ex-Wohnung und schlief ab nun in meinem Ex- Bett.

Unsere Scheidung verlief, wenn man das überhaupt so bezeichnen kann, genau so harmonisch, wie unsere Ehe jahrelang gewesen war, eine wahrhafte Liebesbeziehung mit einer wirklich sehr bemerkenswerten und außerordentlich attraktiven Frau. Auch in den letzten Stunden, in denen wir uns nun sehen mussten, fiel kein böses Wort, erledigte sich alles fast wie von selbst. Wir waren es einfach nicht gewohnt, uns zu streiten. Mal abgesehen von den letzten drei Jahren, die trotz der Gefühlskälte sehr ruhig und immer noch in gegenseitiger Achtung verliefen, möchte ich keinen Tag dieser Zweisamkeit missen.

Da ein Unglück selten allein kommt, ging kurz zuvor auch meine Firma pleite.

Um es kurz zu machen, ich verlor alles, was ich mir mit meiner Frau in fast 25 Ehejahren aufgebaut hatte. Aber dieser Verlust, so groß er mir auch damals erschien, war nicht der Grund dieser letzten Reise. Diese Katastrophe hatte ich nach wenigen Wochen der anfänglichen Fassungslosigkeit und Enttäuschung erstaunlicherweise und für mich doch überraschend relativ schnell und gut weggesteckt. Mein Leben verlief danach nun wesentlich bescheidener, aber auch viel ruhiger. Es erschien mir damals alles wie eine erneute Herausforderung. Unsere Kinder waren erwachsen und die Ehe wie auch meine Firma nicht mehr zu retten gewesen. Ich organisierte mich damals völlig neu, änderte mein gesamtes Denken, lernte meine Vergangenheit und den Verlust loszulassen. Erneut übernahm ich die Verantwortung für mein Leben und befreite mich von allen negativen Gedanken. So konnte ich mit meiner neuen Situation einigermaßen gut leben.

Ich war wieder Single und einige Freunde waren geblieben. Von diesen Freunden wusste ich nun genau, dass es wahre Freunde waren, die diese Bezeichnung wirklich verdienten. Dazu gehörte vor allem mein Bruder, der mir oft aus finanzieller Not half. Auch meine Kinder, die mich oft besuchten und mir das Gefühl gaben, gebraucht zu werden und meine Eltern, zu denen ich zu jeder Tages- und Nachtzeit kommen konnte. Nun zog ich wieder los, wie in meinen Jugendzeiten. Nur die Frauen, die sich ab und zu für mich interessierten, waren so wie ich auch einige Tage älter geworden. Ich stellte fest, dass die

Frauen, die mir gefielen, nie älter wurden. Solche Mädels sahen sich jedoch nur sehr selten nach mir um.

Aber dann geschah es doch. Mein großes Seelenvakuum, die große Sehnsucht nach Liebe, nach einem Partner saugte gierig eine junge Frau in mein Leben. Drei Monate nach der Trennung von Ehe und Herd lernte ich sie kennen. Ich verliebte mich genau in so eine viel jüngere Frau und sie sich auch in mich. Sie war wunderschön und mit der erotischsten Ausstrahlung seit Kleopatra, einfach ein Engel. Alles war blitzartig anders und ich empfand die wundersamsten Hochgefühle, die mich nach allen Verlusten märchenhaft ergriffen.

Wie die Wüste den lange ersehnten Regen gierig aufsaugt, so rasant füllte sich die große Leere in mir. Ich spürte wie die Lebensgeister wieder erwachten und wurde stark wie in meinen besten Tagen. Mir war, als schien immer die Sonne, selbst, wenn es stürmte und regnete. Die Vögel sangen schöner, alle Menschen waren freundlich und ich ging wie verzaubert durch die Welt. Ein Motivationsschub entfachte ein Feuerwerk der Gefühle. Ich liebte, wie man nur lieben kann, hatte das Paradies wieder gefunden.

Doch nur zwei Jahre später landete ich in der Hölle. Obwohl ich mich geändert hatte, meine Fehler erkannt und mich eine Zeit lang für so viel Blödheit vergangener Jahre hasste, bekam ich nun wohl den Schmerz zurück, den ich meiner Familie zugefügt hatte. Diese neue Liebe umschwärmte ich mit all meiner Phantasie und mit all meinen Sinnen. Jeden Wunsch las ich ihr von den Lippen ab und war nur noch für sie da. Mich interessierte nichts anderes mehr, drehte mich nach keiner Anderen mehr um. Ich sah nur noch sie, verwöhnt sie, wo ich nur konnte, machte ihr bei jeder Gelegenheit die tollsten Ge-

schenke. Aber es ging, für mich unfassbar, zu Ende. Das war für mich nun endgültig nicht mehr zu verstehen und erst recht nicht mehr zu ertragen.
Das Schicksal, als wenn es nun nicht langsam gereicht hätte, setzte noch einen oben drauf: Ein Freund erlebte zur selben Zeit die gleiche Tragödie. Seine Firma ging kaputt und seine Frau, die er über alles liebte, ja, sogar vergötterte, ging zu einem anderen. Ein paar Tage später fand man ihn mit einem Strick um den Hals an seiner Garagendecke hängen. Nun war ich völlig am Ende und wollte auch nicht mehr leben. Verzweifelt und wie geistesabwesend erlebte ich die Tage. Am Tag verkroch ich mich und ging nur noch ins Freie, wenn es dunkel war. Den Kontakt zu Menschen vermied ich, auch zu meinen Freunden und der Familie. Ich konnte es nicht ertragen, ständig getröstet zu werden oder gut gemeinte Ratschläge zu hören. Nichts wollte ich mehr, nur noch sterben. Mit Schreiben und Lesen und der besten Ablenkung, dem Fernsehen, versuchte ich mich zu betäuben, doch nichts half. Ich merkte nur mit Entsetzen, wie sich alles in mir wandelte. Dinge, die mich früher kalt gelassen hatten, über die ich nur schmunzeln musste oder sogar gelästert hatte, alles das trieb mir nun Tränen in die Augen. Sah ich einen Film, in dem nur andeutungsweise eine romantische Szene zu sehen war oder ein gefühlsbetontes Happy End vorkam, die kleinsten Gefühlsregungen verursachten feuchte Augen. Ich war innerlich wie zu Wachs geworden. Oder war nun meine Seele freigelegt? Ich bekam richtig Angst, nicht mehr stark genug zu sein für dieses Leben, in dem doch Stärke so wichtig war.
Dann war es so weit. Ganz plötzlich wurde mir klar, was ich zu tun hatte. Ich trennte mich von meinen wenigen

Eigentum, packte einige Sachen ein, nahm mein restliches Geld, besorgte ein Flugticket und startete von Frankfurt in Richtung Kanada. Dort angekommen, besorgte ich mir den Rest meiner Ausrüstung und einige Landkarten, um an einem für mich geeigneten Ort den Einstieg in den letzten Abschnitt meines jämmerlichen Daseins zu suchen. Dieser Einstieg war so gewählt, dass die Möglichkeit, mich zu finden, so gut wie ausgeschlossen war. Wer sollte mich auch vermissen? Freunden, Bekannten, allen, die mir über den Weg liefen, erzählte ich, dass ich die Absicht habe, in eine andere Stadt zu ziehen, um dort neu anzufangen. Schnell ist man in der heutigen Zeit vergessen. Natürlich gab es Menschen, denen ich am Herzen lag. Meine Kinder führten nun auch ihr eigenes Leben, sie glaubten meine Geschichte und waren froh, dass ihr alter Herr einen Neuanfang wagte. Meine Ex- Frau war gut versorgt, sie hatte ohnehin nie weiteren Kontakt gewünscht. Meine Eltern waren in einem Zustand des sorglosen Daseins und waren froh, dass ich mich endlich neu orientierte. Mein Bruder kümmerte sich liebevoll um sie. Somit war für alle gesorgt und diese Welt in Ordnung.

Voller Verzweiflung und um die schon erwähnte Ablenkung zu finden, hatte ich wieder verstärkt angefangen, Tagebuch zu schreiben. Arbeiten ging ich nicht mehr, sondern lebte vom Arbeitsamt. Wie besessen ergab ich mich meinen schmerzenden Gefühlen, meiner dramatischen Lebenssituation und meiner Wut über mich selbst. Ich schrieb mir den ganzen Frust von der Seele, erfand sogar Geschichten, nur um für wenige Stunden in der Welt der Phantasie etwas Glück zu finden. Viel kam dabei zusammen, Gedichte, Kurzgeschichten, an Ideen mangelte es nicht. Doch auch das half nichts, den nicht enden wollenden Schmerz zu überwinden. So stapelten sich Manuskripte in einer großen Kiste, die nun neben anderen wichtigen Unterlagen im Keller meines Bruders einstaubten. Er war der Einzige, der mich und meinen Seelenzustand genau kannte, war immer mein Vertrauter, ein verschwiegener Freund. Ihm hatte ich gesagt, dass ich für eine Weile durch die Welt ziehe, um Abstand zu gewinnen und nach einigen Monaten wieder auftauchen würde. Ich brauche das, nach dem ganzen Lebensmüll, sagte ich ihm zum Abschied. Aber ich fühlte, dass er mir nicht glaubte, mein Vorhaben ahnte. Nicht meinen Todeswillen, aber bestimmt an meinen Ausstieg glaubte, von dem ich so oft in der Vergangenheit träumerisch geschwärmt hatte. Abseits jeglicher Zivilisation wollte ich in einer Blockhütte leben, frei und unabhängig, ein erfülltes Leben genießen. Ständig wurde ich wegen meinen romantischen und leidenschaftlichen Schwärmereien belächelt und da ich dafür überall bekannt war, nahmen mich die meisten nicht so ernst. Die Geschichten Jack Londons, die mich seit meiner Kindheit regelmäßig begleitet hatten und später die Filme, die ich als Video und DVD kaufte und mir immer und immer wieder träumerisch und sehnsüchtig ansah, hatten eine Art Ziel in mir ausgelöst. Irgendwann wollte ich noch einmal so leben, zumindest für eine Zeit lang. Das stand für mich immer fest, nur wie und wann wusste ich nie.

„Komm wieder, Bruderherz“, sagte er heulend am Flughafen. Ja, er weinte. Ich hatte ihn nur einmal als Mann weinend gesehen, damals, als ihn seine Frau mit den Kindern sitzen ließ. Und nun heute, als würde er ahnen, dass es ein Abschied für immer werden sollte.

Andreas hatte mich mit dem Auto nach Frankfurt

gebracht. Während der dreistündigen Fahrt redeten wir kaum. Ich umarmte ihn fest und antwortete nicht, denn das, was er nur ahnte, war für mich Gewissheit und ich wollte ja sogar noch einen Schritt weitergehen. Nun konnte auch ich meine Tränen nicht mehr verbergen.

An dieser Stelle schüttelte ich meine Gedanken ab. Mir war wieder zum Heulen und ich spürte die abendliche Kühle. Der Tag war weit voran geschritten. Eigenartigerweise hatte ich keinen Hunger. Gut, dachte ich, dann werden das Brot und der Schinken etwas länger reichen. Aber somit verlängerte sich auch mein Leben. Doch jetzt sollte es auf ein paar Tage mehr oder weniger auch nicht mehr ankommen.

Es wurde Zeit, ein Nachtlager zu bauen. In einem Buch, das ich bestimmt fünf oder sechsmal gelesen hatte, war die Anleitung für den Bau eines Nachtlagers im Freien beschrieben, ein so genanntes Lean-To. Dazu brauchte ich das Seil und die Plane, einen langen geraden, armdicken Ast, zwei Zeltheringe und etwas Strick.

Zeltheringe hatte ich nicht, so schnitzte ich sie mir aus zwei kurzen dünnen Ästen. Etwas über einen Meter hoch spannte ich die Plane zwischen zwei Bäumen fest und führte sie dann schräg nach hinten auf den Boden. Dort platzierte ich den armdicken Ast und befestigte ihn, indem ich die selbstgeschnitzten Heringe an den Enden des Astes in den Boden schlug. Nun führte ich die Plane auf dem Boden nach vorn und bemerkte, dass ich noch zwei Heringe brauchte. Also ging es erneut ans Schnitzen. Ich befestigte die Plane an den vorderen Ecken, indem ich die Holzheringe durch die Ösen in den Boden schlug. Es sah aus wie ein halbes, offenes Zelt. Unter die

schräge Überdachung legte ich die Isomatte und darauf den Schlafsack. Nun sammelte ich Holz für ein Lagerfeuer und platzierte es so, dass ich des Nachts nicht aus meiner wärmenden Hülle musste, um nachzulegen. Auch das Reserveholz lag gut erreichbar neben mir.
Als das Feuer brannte, konnte ich mich einer etwas romantischen Stimmung nicht erwehren. Ich kochte mir einen schmackhaften Tee und genoss diese abendliche Stimmung. Lange saß ich noch am Feuer, dachte an nichts und lauschte in die nun etwas unheimliche Dunkelheit. Bis auf den leichten Wind, der durch die Bäume tanzte und mit den Blättern eine Abendmelodie hauchte, umgab mich eine unheimliche Ruhe. Ab und zu funkelte ein Stern zu mir herunter. Irgendwann schlüpfte ich in den Schlafsack und schlief tief und traumlos bis zum anderen Morgen, ohne einmal zu erwachen.

Der neue Tag begann so schön, wie sich der letzte verabschiedet hatte. Noch warm im Schlafsack verpackt, blinzelte ich in die Sonnenstrahlen, die durch das Blätterdach drangen. Ich wühlte mich aus meiner wärmenden Hülle und legte die noch unter der Asche ruhende Glut frei. Ein paar kleine Holzspäne darauf und das Feuer brannte wieder. Das klare Wasser des Baches erfrischte mich auf eine wunderbare Weise. Erst jetzt spürte ich, dass dieser drückende, krampfhafte Schmerz, der seit Monaten meine Magen- und Herzgegend beherrschte, doch etwas nachgelassen hatte. Ich konnte es nicht gleich verstehen. So lauschte ich in mich hinein, aber es war irgendwie anders als sonst. Ich versuchte es mir zu erklären. Vielleicht war es die große Entfernung zu der Frau, die mir den Himmel auf Erden gezeigt hatte und mich dann in eine unermessliche Tiefe abstürzen ließ? Vielleicht aber auch die Ahnung des nahenden Todes oder dieser Frieden, dieses Gefühl, dem Ursprung oder nun dem Ende so nahe zu sein? Ich wusste es nicht.

Ich saß am Feuer, trank heißen Tee und verspeiste mit großem Appetit eine Scheibe Brot und duftenden, geräucherten Schinken. Was nun?, dachte ich. Wie weiter? Ich war noch zu nah an der Zivilisation. Gern wäre ich an diesem Ort geblieben, aber ich musste aufbrechen. Also alles zusammenpacken und los ging es. Ich löschte das Feuer und setzte meinen Marsch in Richtung Norden fort. Alles war wie gestern, das Vorwärtskommen fiel schwer. Sträucher verbauten den Weg. Farne bedeckten den Boden vollflächig da, wo die Sonne den Boden erreichte. Immer wieder blieb ich irgendwo hängen, stolperte über umgestürzte Bäume oder Steine, strauchelte und fiel hin. So ging es Stunde um Stunde. Nur selten lief es sich bequem.

Am Nachmittag kam ich an einen kleinen See. Hier war das Gelände offener. Eine Weile konnte ich am Ufer um ihn herumgehen, bis ich wieder meine Richtung einschlagen konnte. Kurz darauf stand ich vor dem nächsten See. Er war sehr viel größer und die notwendige Umrundung hätte ich an diesem Tag nicht mehr geschafft. So entschloss ich mich, hier mein zweites Lager aufzubauen. Ein Rundblick verschaffte mir erneut die Erkenntnis, wie wunderbar dieses Land ist. Nicht meine kühnsten Erwartungen konnten das erahnen, was ich nun empfand. Lange stand ich nur da und starrte in diese Vollkommenheit. Oft hatte ich in Büchern und auf Postkarten die Landschaft von Kanada bestaunt und auch schon erlebt, da wir einmal einen Urlaub nach Kanada unternahmen. Wir fuhren damals mit einem Wohnmobil einige tausend Kilometer durch die Rocky Mountains, aber eben immer nur der Straße lang und hielten bestenfalls an Touristenattraktionen. Doch jetzt hier zu stehen, mitten drin in diesem Zauber der Schöpfung, war etwas völlig anderes, so, als ob man von der Liebe nur weiß, sie dann aber mit allen Sinnen erlebt. Die Theorie ist eine bezaubernde Möglichkeit, sich geistig zu beglücken und oft verbunden mit der Vorfreude auf das praktische Erleben. Aber nur die Praxis ist das Kriterium der Wahrheit.

Ich kam auf die Idee, mein Angelzeug zu testen. Also entfernte ich den kleinen Kompass am Ende des Griffes meines herrlichen Überlebensmessers und entnahm die Schnur mit dem Haken. Viel Ahnung hatte ich nicht, aber ein Schwimmer wäre von Vorteil. So war ich wieder am Schnitzen und band ihn einen Meter über dem Haken, an dem ich etwas Brotteig als Köder befestigte. Mit einem kräftigen Wurf schmiss ich ein paar Meter Schnur in den See und befestigte das andere Ende an einem Stein. Ich überließ die Angel sich selbst, entzündete ein Feuer und baute mein Nachtlager. Ein prüfender Blick hin zur Schnur ließ mich verwundert erstaunen. Irgendetwas hatte ich gefangen. Der Schwimmer zuckte und die Schnur spannte sich. Mit ein paar Sätzen war ich am Ufer und zog einen prächtigen Burschen an Land. Ich hatte meinen ersten Fisch gefangen! Was es für einer war, wusste ich nicht. Ich entfernte den Haken vom Maul und warf ihn in Richtung Lagerfeuer. Er zappelte heftig und tat mir nun leid. Aber bevor mein Mitleid zu groß wurde und ich ihn in den See zurück geschmissen hätte, gab ich ihm mit einem Stock einen Schlag und er zappelte nicht mehr. Nun fing ich an zu töten, denn Nahrung bedeutet

Leben. Aber warum diese Tat? Sterben sollte doch nicht der Fisch, sondern ich!
Als ich nun genüsslich meinen ersten Fang verspeiste, beschäftigte mich dieser Gedanke unaufhörlich. An diesem Abend kam ich allerdings zu keiner Erklärung. Noch ein paar Tassen Tee und eine Scheibe Brot ließen mich satt werden. Zum Abschluss einige kräftige Schluck dieses kühlen, frischen Wassers aus der Feldflasche, danach war ich bettfertig. Eine Katzenwäsche am See, das Feuer noch einmal kräftig gefüttert und rein in den Schlafsack. Es war Frühling, der Winter fern und ich fing an, aus der Natur zu leben. Also wie soll ich sterben? Mit diesen Gedanken schlief ich wieder genauso tief und fest wie in der ersten Nacht.

Am anderen Morgen hatte das Wetter umgeschlagen, es war bewölkt. Nebel zog über den See, die Luft war feucht. Als ich aus dem Schlafsack kroch, fing ich an zu frösteln. Schnell entfachte ich das Feuer, packte das Nachtlager zusammen, trank noch einen Tee und kaute, während ich meine Sachen packte, an eine Scheibe Brot. Eigentlich war es wieder ein schöner Platz, um länger zu verweilen. Aber hier gab es tausende von schönen Plätzen und außerdem war ich in den zwei Tagen nur schleppend vorangekommen. Ich schätzte, so um die 20 Kilometer, weiter auf keinen Fall, eher weniger. So zog ich weiter, immer Richtung Norden. Kurz nach meinem Aufbruch entdeckte ich zu meiner Verwunderung einen schmalen Weg. Bei genauerer Betrachtung bemerkte ich aber, dass er nicht durch Menschen entstanden sein konnte. Erstens war hier der Wanderer nicht so oft unterwegs, dass ein Weg entstehen konnte und zum anderen war er sehr schmal. Es konnte sich nur um einen Tierpfad handeln.

Obwohl mir bei diesem Gedanken etwas mulmig war, folgte ich ihm, da er in meiner Richtung verlief und so das Gehen viel angenehmer war. Irgendwann endete er genau so plötzlich, wie er begonnen hatte. Ich wollte gerade fluchen, da stand ich vor einem breiten Fluss. Er zog ruhig seine Bahn. Logischerweise, so dachte ich zumindest, müsste hier am Ende des Tierpfades eine Furt sein. Davon war ich so überzeugt, dass ich einen langen Stock kraftvoll ins Wasser tauchte, um die Tiefe zu messen. Der Stock verschwand, ohne Grund zu finden. Beinahe wäre ich hinterher verschwunden. Erst im letzten Augenblick konnte ich mich abfangen, sonst hätte ich ein unfreiwilliges Bad genommen, was in Anbetracht der in den letzten Tagen zu kurz gekommenen Körperhygiene sicher nicht so schlimm gewesen wäre. Aber gerade an diesem Tag war es kühl und es hatte vor einigen Stunden leicht zu regnen begonnen. Dieser Ausrutscher hätte sehr unangenehme Folgen gehabt, zumal ich den Regenumhang angelegt hatte, der mich in meiner Bewegungsfreiheit stark einengte. Also hätte es hier im ungünstigsten Fall das Ende durch Ertrinken sein können. So konnte man sich also irren: zu vermuten, dass am Ende des Pfades eine Durchquerung des Flusses möglich wäre und ich war um eine Erfahrung reicher. Es sollte nicht die letzte gewesen sein. Hier geht es nicht um Logik erlernter Maßstäben in der Zivilisation, hier herrschen ganz andere Gesetze, die der Natur, für uns Menschen oft unverständlich, aber deshalb nicht ohne Sinn. Nur die hier Lebenden, allerdings nur noch sehr wenige Abenteurer und in vergangenen Zeiten die Indianer oder Trapper kannten diese Ordnung, so, wie wir eben die Straßenverkehrsordnung kennen. Ein Ureinwohner würde vermutlich bei rot über die Straße gehen und ein Verkehrsopfer werden, so, wie ich beinahe in den Fluss gestürzt und vermutlich, jämmerlich ersoffen wäre. Noch einmal schaute ich mir das Ende des Tierpfades genau an und bemerkte, dass er überhaupt nicht so abrupt endete, wie ich annahm, sondern noch ein Stück flussaufwärts fast unerkannt rechts am Ufer weiterging. Also Augen auf, wie im Straßenverkehr, sonst kann es vorbei sein. Bei diesen Gedanken stutzte ich erneut. Ich setzte mich auf einen Stein und starrte ins Wasser.

Eine kleine Pause war gar nicht so schlecht und ich fing an, daran zu zweifeln, warum ich eigentlich hier war. Sollte wirklich diese Wildnis, die überhaupt nicht wild auf mich wirkte, diese bis jetzt so sorglose Unbekümmertheit, in dieser kurzen Zeit so eigenartig auf mich wirken, dass ich den Tod nicht mehr wollte, oder ihn immer weiter in die Zukunft schob? Sollte diese gigantische Natur so schnell das Leid aus meinem Leib reißen? Manchmal hatte ich so etwas wie Urlaubsgefühle. Jeder kennt doch diesen Zustand, endlich am Ort der Erholung angekommen zu sein, alles, wenn auch nur für einige Urlaubswochen, hinter sich zu lassen und einfach nur noch dem Genuss zu gehorchen. Ich schüttelte diese Gedanken schnell von mir. Nein, deshalb war ich nicht hier! Es sollte irgendwann zu Ende gehen. Außerdem waren meine Vorräte begrenzt und jeder Fehler, wie eben, konnte tödlich sein, so wie eigentlich auch geplant. Es war bestimmt nur eine Art Anfangseuphorie, das neue und überwältigende Abenteuer.

Also ging ich weiter, immer tiefer rein in meine Begräbnisstätte. Zunächst konnte ich nur dem Ufer folgen. Es führte in westlicher Richtung. Irgendwann müsste eine Möglichkeit zum Übersetzen gefunden werden, aber sie kam nicht. Oder hatte ich diese flache Stelle übersehen, an der auch die Tiere diesen Fluss durchquerten, war in meiner Ahnungslosigkeit vorbeigelaufen? Dem Ufer folgend stolperte ich weiter. Es wurde langsam dunkel. Von irgendwelchen Tierspuren war nichts mehr zu sehen. Ich kam an eine Stelle, an der der Fluss eine Biegung in die Richtung machte, aus der ich gekommen war. Weiterzugehen hatte an diesem Tag keinen Zweck mehr. So suchte ich einen Platz zum Übernachten. Eine kleine Kiesbank bot sich dafür an. Schnell hatte ich mein Lager errichtet und das Feuer brannte, denn darin hatte ich nun schon Übung. Es regnete nicht mehr und ich machte es mir am Feuer gemütlich. Heute gab es eine heiße Brühe und wie immer Brot mit Schinken. Es schmeckte vorzüglich und ich genoss wieder diese herrliche Abendstimmung. Die Wolken hatten sich verzogen und ich starrte in die Sterne, die viel zahlreicher als zu Hause über mir leuchteten. Die Dunstglocke ließ in Deutschland ein solches Firmament nicht mehr zu. Dieser Anblick war wirklich überwältigend und wie mein Blick so träumerisch in den Sternen versank, schwebten meine Gedanken wieder zurück.

Wie oft waren Anke und ich in den Sternenhimmel eingetaucht, saßen wir uns in den Armen haltend an angenehm warmen Sommerabenden auf ihrem Balkon. Wenn wir getrennt waren, hatten wir eine bestimmte Zeit vereinbart, an der wir den Mond betrachteten. So trafen sich unsere Blicke und wir konnten uns spüren. Schon ein Tag genügte, um die Sehnsucht unerträglich werden zu lassen. Sie schrieb mir dann liebevolle Nachrichten und mein Handy wurde unentbehrlich. Schrieb ich ihr, konnte ich die Antwort kaum erwarten. Dauerte die Antwort etwas länger, wurde ich wie krank. Kein Zweifel blieb bestehen, mein Leben auf ewig mit ihr zu teilen. Ich wollte nur noch mit ihr zusammen sein. Anderen Frauen konnte ich mit Leichtigkeit widerstehen, auch wenn die Andeutungen noch so eindeutig waren. Anke hatte mich mit meinem ganzen Sein in ihren Bann gezogen.

Nun merkte ich, wie mir die Tränen über das Gesicht liefen. Noch immer starrte ich wie gebannt in den Himmel. Ich sah den guten alten Mond und mein altbekanntes Magendrücken hatte mich wieder. Es war ein unangenehmes, aber schon vertrautes Gefühl. Es hatte sich seit dem Ende unserer Beziehung festgesetzt und mich nie wieder losgelassen, mich wie eine chronische Krankheit befallen.

Als ich in meinen Schlafsack kroch, hörte ich zum ersten Mal die Wölfe heulen. Oder waren es Kojoten? Egal, es war ein etwas unangenehmes Gefühl und ich heulte mit. Erst jetzt fiel mir auf, dass ich bisher noch kein Tier zu Gesicht bekommen hatte. Nun hörte ich zumindest welche, aber gemütlich war das nicht. Trotzdem schlief ich irgendwann ein, um kurz danach wieder zu erwachen. Das Geheul kam mir plötzlich viel lauter vor. Nun lag ich doch etwas steif in meinem Schlafsack und lauschte in die Nacht. So ging es noch eine ganze Weile. Einschlafen, aufwachen und jedes Mal bildete ich mir ein, die Wölfe immer näher kommen zu hören. Am Morgen weckte mich das Rauschen des Flusses. Das Wasser war meinem Lager gefährlich nahe gekommen. Über Nacht war der Fluss vermutlich durch den Regen angestiegen, nur so war es zu erklären. Nicht auszudenken, wenn es stärker geregnet hätte, ich wäre wohl davongeschwommen. Wieder eine Lektion in Sachen Leben in der Wildnis.

Schnell packte ich alles zusammen, denn ich hatte das

Gefühl, dass der Fluss weiter anstieg. Um nicht noch nasse Füße zu bekommen, brach ich ohne zu frühstücken auf, auch, um endlich eine Möglichkeit zu finden, über diesen Fluss zu kommen.

Jetzt lief ich in die Richtung, aus der ich kam und da wollte ich beim besten Willen nicht wieder hin. Es war nun ein schwieriges Vorankommen, eher ein Klettern und Kriechen. Das Ufer war stark mit Sträuchern bewachsen, mal flach zum Wasser abfallend, aber immer sehr steinig. Oft waren Erdschollen einfach weggespült, so dass ein kleines, sehr instabiles Steilufer entstand. Hier konnte ich bei einem Fehltritt in die nun sehr hoch aufschäumenden Wassermassen stürzen. Für einen Wildwasserkanufahrer ein wahres El Dorado. Nur für mich unüberwindbar. Immer noch kämpfte ich mich in die falsche Richtung. Endlich sah ich eine Möglichkeit. Ein riesengroßer Baum lag über dem Fluss und erreichte mit seiner Krone das andere Ufer. Der an dieser Stelle reißende Fluss hatte im Laufe der Zeit die Wurzel frei gespült, bis der Baum den Halt verlor, umgekippt und mir somit eine Brücke gebaut hatte. Glücklicherweise wurde die Baumkrone am anderen Ufer gegen einen Fels gedrückt, der aus dem Wasser ragte und auf meiner Seite war die Hälfte der Wurzel noch im Boden fest verankert. So lag er stabil und konnte noch nicht mit den Wassermassen weggetrieben werden. Nach genauerer Betrachtung erschien es alles andere als leicht, diese Hürde zu nehmen. Der Stamm war zwar sehr stabil, aber nicht sehr dick und hatte, wie es bei Brücken eigentlich Vorschrift ist, kein Geländer. Die Krone auf der anderen Seite wurde durch die Wassermassen in regelmäßigen Abständen nach unten gedrückt, um nach kurzer Zeit wieder nach oben zu schnellen. Es war alles eher wie eine große Wippe auf dem Jahrmarkt, nur ohne Sicherheitsvorkehrungen. Aber es half nichts, ich musste hinüber.

Vorsicht war geboten. Die Tücken des Unbekannten lauerten überall. Ein Fehler und ich sauste den Fluss hinab und würde irgendwann zu Fischfutter oder ein Festmahl für die Aasfresser. Wieder ertappte ich mich bei einer konzentrierten Überlebensplanung. Ich hatte einfach Angst, so zu sterben. Aber wie wollte ich denn aus diesem Leben gehen? Egal, alles lag in Gottes Hand, beim Schicksal oder wo auch immer. Wenn ich ins Wasser falle, dann ist es eben hier zu Ende, dachte ich. Aber ich hatte noch Brot und so herrlich duftenden Schinken, den wollte ich erst noch genießen, also ganzbeinig über den Fluss kommen und dann essen. Aber war ein Hungertod nicht viel grausamer als ein relativ schneller in den reißenden Fluten dieses Flusses? Ich quälte mich mit diesen Gedanken herum und stand immer noch am falschen Ufer. Kurzerhand kletterte ich in das Wurzelwerk und betastete vorsichtig den Stamm. Er war wirklich sehr rutschig. Ein aufrechtes Balancieren erschien aussichtslos. Ich setzte mich so, dass meine Beine rechts und links am Stamm herunterhingen und stemmte mich mit den Händen langsam vorwärts. Stück für Stück rutschte ich so weiter. In der Mitte angekommen, spürte ich bereits, wie der Stamm auf und ab schwankte. Die Baumkrone lag zur Hälfte im Wasser und tanzte nach der Laune des Flusses. Für Sekunden wurden Teile der Baumkrone unter das schäumende Wasser gedrückt, um kurz danach durch die Kraft des Stammes wieder nach oben zu schnellen. Ich saß nun auf dieser Wippe und klammerte mich, wie ein Affe, mit beiden Armen fest um den Stamm. Nur, dass ein Affe diesen Balanceakt mit Leichtigkeit genommen hätte. Ich wagte nicht, mich zu bewegen und wurde kräftig durchgeschüttelt. Es war bestimmt ein toller Anblick. Aber glücklicherweise sah mich keiner. Bevor ich seekrank wurde, musste ich irgendwie weiter. Oder sollte ich einfach loslassen? Nein, da hätte ich mir den weiten Weg sparen können und wäre gleich in unseren Stadtfluss gesprungen. Das Auf und Ab nahm immer mehr zu. Als ich die Baumkrone erreicht hatte, musste ich mich mit aller Kraft festhalten, denn immer, wenn der Fluss das Geäst frei gab, sauste alles wie auf einer Schleuder wieder nach oben. Schnell kletterte ich durch die Zweige, um der Gefahr zu entgehen. Nur für Sekunden blieb die Baumkrone im festen Griff des hier hoch aufschäumenden Wassers. Diese Zeit musste ich nutzen, um auf einen Stein zu gelangen, der zirka einen Meter vom rettenden Ufer aus dem Wasser ragte. Er war nicht sehr groß. Als die Äste für einen kurzen Augenblick im festen Griff des Flusses waren, setzte ich meinen rechten Fuß darauf. Genau in diesem Augenblick schnellte die Krone wieder nach oben. Schnell griff ich mit der anderen Hand an den Ast, an dem ich mich mit einen Hand noch festgehalten hatte und zog mich wieder in die Baumkrone zurück. Das wäre es um Haaresbreite gewesen. Nur gut, dass ich körperlich in sehr guter Verfassung war, denn ich hatte meinen Frust neben dem Schreiben fast täglich in einem Sportstudio abgebaut. So hatte ich einen gut funktionierenden Muskelapparat und einen stabil geformten Körper. Nur bei der Dame meines Herzens half das auch nichts mehr, konnte ich auch so keinen Eindruck mehr auf sie machen.

Jetzt sauste ich erst einmal wieder hoch und runter. Ich musste es erneut versuchen, denn länger auf diesem

Schleudersitz und ich hätte mir meine letzte Mahlzeit erneut besehen. Diesmal gelang das Artistenstück. Erneut nutzte ich die Kraft des Flusses, der die Äste wieder für kurze Zeit unter Wasser zwang. Schnell schwang ich mich auf den Stein. Diesen Schwung ausnutzend, sprang ich an das ersehnte Ufer. Ein tiefer Seufzer beendete dieses tollkühne Überqueren des Flusses. Ich warf meinen Rucksack ab und nutzte, ohnehin nun nass bis zum Hosenbund, diese Situation für ein Vollbad. Das Wasser war hier am Ufer etwas friedlicher, aber saukalt. Lange hielt ich es darin nicht aus. Aber ich fühlte mich danach frisch und sauber. Anschließend trocknete ich mich und meine Sachen an einem gemütlichen Feuer. Ich hatte fünfzig Meter entfernt ein schönes Plätzchen gefunden und da der Tag schon wieder fortgeschritten war, ich auch keine Lust mehr hatte, weiterzugehen, richtete ich mich hier ein. Dicht am Wald baute ich mein Lager.

Vor mir plätscherte friedlich der Fluss. Ein Anblick, den man oft zu sehen bekommt, wenn Bilder von Kanadas im Fernsehen gezeigt werden. Massenhaft Bücher, Berichte und eben solche Sendungen hatte ich verschlungen. Wenn es um Kanada ging, ließ ich nichts aus. Durch meine Kinderträume und angeregt durch Geschichten, die ich immer noch las und dank diesem wunderbaren Urlaub mit dem Wohnmobil erwischte mich damals komplett das Kanadafieber und ließ mich nie wieder los. Vermutlich deshalb erschien mir das alles wie vertraut, obwohl ich niemals zuvor so tief in diese herrliche Natur eingetaucht war. Wieder spürte ich dieses eigenartige unbeschwerte, gelassene Gefühl, das ich so noch nicht kennen gelernt hatte. Genüsslich kaute ich mein Brot, den Schinken dazu und ließ mir eine Tasse Brühe schmecken. Heute machte ich das erste Mal einige Aufzeichnungen und schrieb alles bis hierher Erlebte auf. Vielleicht würde es irgendwann durch Zufall gefunden und mir so doch noch ein Nachruf zuteil. Aber eigentlich war mir das egal, wie alles. Ich wollte nur noch die letzten Tage diesen riesigen Garten der Schöpfung genießen, alles in mich einsaugen und erfüllt irgendwann für immer einschlafen. So schrieb ich aus Gewohnheit und weil ich es immer getan hatte. Es ist so ein Gefühl, als könnte nichts verloren gehen. Auch, wenn mir nun an meinem Leben nicht mehr viel lag, war das Geschriebene doch etwas von Dauer, blieb es hier zurück. Es war so eine Art Testament, meine Hinterlassenschaft an das Leben, an diese wunderschöne Natur.

Bisher war ich mit meinen Essenrationen sehr sparsam umgegangen. Obwohl ich während meiner Pausen Hunger verspürte, konnte ich nie viel essen, war immer schnell satt. Vermutlich lag es daran, dass ich bei jeder sich mir bietenden Gelegenheit reichlich trank. Wasser gab es glücklicherweise im Überfluss. Da es am Tag sehr warm war und ich immer zu viel an hatte, schwitzte ich reichlich und der Durst war enorm.

Wenn es so weiterging, würden meine Lebensmittel noch ungefähr zehn Tage reichen. Wieder hatte ich es mir am Feuer gemütlich gemacht und dachte so über diese Dinge nach. Was ist dann, in zehn Tagen, wenn es zu Ende geht mit meinen Köstlichkeiten? Ja, dann würde der Hunger beginnen und mich irgendwann die Schwäche am Weitergehen hindern. Schließlich würde ich mein letztes Lager bauen und mich auf den Tod vorbereiten. Bei der letzten Tasse Tee wollte ich von diesem Leben Abschied nehmen. Ich sah wieder in den wunderbarsten Sternenhimmel und bei diesen Gedanken liefen mir er-

neut Tränen über die Wange. In diesem Augenblick kam ich mir vor, als wäre ich auf einer Bühne. Ich spielte eine Hauptrolle, spürte im Augenblick, wie theatralisch diese Situation eigentlich war. Nun spürte ich deutlich, dass ich mir selbst Leid tat. Es erschien mir alles wie eine Inszenierung, wie ein Schauspieler, der seine Rolle spielt. Abrupt schüttelte ich mich. Was war nur los? Mit einem energischen Ton brüllte ich mich an: du willst hier wirklich sterben! Hier geht es nicht um eine Vorführung! Hier ist keiner mehr, dem man etwas zeigen und beweisen muss. Hier bist nur du und es ist auch keine Abenteuergeschichte! Die Gedanken schienen zu rasen. Das ist hier alles echt, du wirst hier sterben. Immer und immer wieder schoss es mir durch den Kopf: du wirst hier sterben, du wirst hier sterben.
Zum ersten Mal merkte ich so richtig deutlich, in welcher Gefahr ich eigentlich war. Ich starrte auf die Reste meiner Nahrung. Nein, es war nicht Urlaub, kein Abenteuer, kein Erlebnistest für einen Roman. Es war bitterer Ernst, ich werde hier sterben. Wie hatte ich das nur bisher empfunden? Von Anfang an wusste ich, warum ich hier war. Aber ich hatte ja noch etwas Zeit. Dieses Eintauchen in die Wildnis empfand ich zunächst wie eine neue Erfahrung, freute mich sogar, hier zu sein. Aber ich wusste auch um die Tatsache, hier mein Ende zu finden. Es war ja alles so herrlich vorbereitet, so herrlich in Szene gesetzt. Aber nun, in Anbetracht meiner begrenzten Nahrungsreserven, änderte sich schlagartig diese Romantik.

Ich zwang mich, den Grund meiner Flucht lebendig zu halten. Die letzten Tage hatten mich von meinem eigentlichen Elend immer wieder abgelenkt. Es war alles so überwältigend, jeder Tag aufs Neue. Mir wurde bewusst, dass die Gedanken seltener wurden, die mich zu diesem Entschluss gezwungen hatten. Ich musste zurückdenken, ja, ich zwang mich dazu, die grausamen Gefühle, den unerträglichen Schmerz zurückzuholen. Zu Hause verging keine Stunde, in der ich nicht an meine große Liebe, an Anke denken musste. Diese Gedanken ließen mich fast nie los. Ich litt, zwei ganze Jahre lang. Immer und immer wieder grübelte ich damals und auch jetzt noch über den Grund ihrer Entscheidung, mich nicht mehr zu wollen, nicht mehr mit mir zu leben. Trotzdem trafen wir uns noch hin und wieder, um für wenige Stunden ineinander zu versinken. Es gibt keine Worte, die beschreiben können, was ich dabei empfand. Um es einfach zu sagen: es war der Himmel auf Erden und mehr geht wohl auch nicht. War ich mit ihr zusammen, entschwand ich aus der Realität und war frei von allem Schmerz und Sorgen, war umhüllt wie von einem göttlichen Kokon.

Aber danach, wenn ich erwachte aus dieser Gefühlsüberflutung und mich vom Nektar der Liebe, ihren weichen Umklammerungen lösen musste, gegen meinen Willen befreit wurde, stürzte ich wieder hinab in diese Höllenqualen, denn nun folgte immer wieder das Gleiche. Ich ging und wir sahen uns tagelang, manchmal wochenlang nicht. Irgendwann lehnte sie es ganz ab, mich überhaupt noch sehen zu wollen. Ich bettelte und flehte, schrieb unzählige Nachrichten. Meine Telefonrechnungen schossen in die Höhe, nur, um sehr selten mal eine belanglose Antworten zu erhalten. Sie war unerbittlich in ihrem Entschluss, mich nicht mehr sehen zu wollen. Nur wer schon einmal so gelitten hat, weiß um solche Qualen, kann diesen unermesslichen Schmerz nachempfinden. Ich schrieb Briefe und Gedichte, malte ihr Bilder und schickte ihr die schönsten Fotos aus gemeinsam verbrachten Stunden und Tagen, die Videofilme, die sie so liebte und die an vergangene romantische Zeiten erinnern sollten. Ich zog alle Register meiner nun zwanghaft beflügelten Phantasie. So wie Pegasus, das Flügelross, das aus dem Rumpf der Medusa entsprang und durch einen Hufschlag die den Musen geweihte Quelle hervorbrachte, wurde auch ich von der Muse der Dichtkunst beflügelt. Krampfhaft schwebte ich durch die Sphären der Gefühle, schwang mich hoch in die Lüfte und ließ mich durch dieses Dichterross davontragen. In dieser Zeit schrieb ich wohl meine schönsten Gedichte über die Liebe, das Leid, über Sinn und Unsinn des Lebens. Aber es half alles nichts, sie war zu nichts mehr bereit. Ihre Antworten waren flach und mit einer für mich tödlichen Kühle. Ich verlor allen Halt. In meiner allerletzten Verzweiflungsaktion, nun schon hilflos und vollkommen am Ende, verkündete ich ihr meinen Entschluss, Trost in der Ferne zu suchen und mich einsam als Aussteiger nur noch der Schöpfung zu widmen, dieser unsichtbaren Hand mein Leben anzuvertrauen. Voller Spannung erwartete ich ihre Reaktion. Darauf musste sie einfach antworten, mein Leben konnte ihr nicht egal sein. Hatten wir uns doch so sehr geliebt, fanden beide nach einer großen Enttäuschung die Liebe in uns wieder. Sie hatte mir doch die Zukunft versprochen, wir waren so glücklich und mir war nichts, aber auch gar nichts unmöglich gewesen. Ich war von einer unbändigen Kraft und liebte sie mit meinem ganzem Sein und der mir innewohnenden Phantasie, immer und immer wieder, bis sie jedes Mal glücklich in meinen Armen einschlief. Ich war wie von Sinnen. Da musste doch noch etwas sein. Konnte ich sie denn nicht zurückholen? Ich wühlte in

mir nach Möglichkeiten, marterte meine Gedanken, geißelte meine Gefühle und strapazierte meine Phantasie bis zum Grund. Da musste doch etwas kommen! Aber es kam nichts, einfach überhaupt nichts von ihr zurück.
Ich konnte es nicht verstehen und es stürzte alles in mir zusammen. Was konnte ich nun noch tun, was blieb mir übrig, als meine Ankündigung wahr zu machen? Nun musste ich gehen und ich wollte es auch. Wollte ihr beweisen, wie ernst mir alles war, wie ehrlich ich es meinte, wie groß und unzerstörbar diese Liebe in mir wohnte. Am Flughafen in Frankfurt, schrieb ich ihr eine letzte Nachricht. Ich werde den Inhalt wohl nie vergessen. "Liebe Anke, in einer Stunde geht mein Flieger in Richtung Kanada, nur diesmal ohne Wiederkehr. Ich werde in den endlosen, menschenleeren Weiten der Wildnis irgendwo verschwinden und der Schöpfung mein Leben überlassen. Ich wünsche dir alles Glück der Erde und ein erfülltes Leben. Bis zu meinem letzten Atemzug werde ich dich lieben. Leb wohl, diesmal wirklich zum allerletzten Mal!"
Ganz in meinem Innersten hatte ich doch noch eine kleine Hoffnung und erträumte mir eine Antwort: „Bitte, Micha, komm zurück, ich liebe dich doch auch, lass uns noch einmal ganz von vorn beginnen, ich habe in den letzten Wochen gemerkt, dass ich ohne dich nicht leben möchte. Bitte, komm zurück, ich werde dich nie wieder enttäuschen."

Aber es kam keine solche Nachricht. Die Zeit verging und ich starrte wie gebannt auf das Handy, das bald für immer verstummen sollte. Gerade wollte ich in Richtung Abflugzone gehen, da durchfuhr mich das Signal einer SMS. Zitternd, wie elektrisiert drückte ich den Knopf, der die Nachricht freigab. Sie war es tatsächlich. Meine Anspannung war unerträglich, aber die kurz darauf folgende Ernüchterung auch.

„Ich weiß, du machst nun deinen großen Traum wahr und ich hoffe, dass du eines Tages wiederkommst. Ich wünsche dir auch viel Glück und pass gut auf dich auf, ich werde an dich denken, Gelegenheiten gibt es ja genug, vor allem, wenn der Mond scheint. Alles Liebe, Anke."

Ich war wie gelähmt und Tränen flossen wie ein Sturzbach über mein Gesicht. Selbst in dieser allerletzten Sekunde, der noch einzigen Möglichkeit, alles rückgängig zu machen, verharrte sie in ihrer Meinung, mich deshalb verlassen zu haben, damit ich meinen Traum von Kanada wahr machen konnte. So hatte sie es oft dargestellt und ich hatte mit allen Mitteln versucht, ihr klarzumachen, dass mein größtes Glück darin bestand, mit ihr ein gemeinsames Leben aufzubauen und mein Ausstieg nur die letzte Möglichkeit, nur eine Verzweiflungstat darstellt. Manchmal dachte ich, sie benutzte dieses Argument lediglich als raffinierte Ausrede, um mich los zu werden, um es gleichzeitig so zu drehen, als würde sie mir einen Gefallen tun, damit ich frei bin, um meinen großen Traum endlich verwirklichen zu können. Natürlich hatte ich oft, sehr oft sogar träumerisch geschwärmt und versucht, sie ebenfalls von diesem herrlichen Land zu begeistern, Aber ihre Vorstellungskraft hielt sich wohl in Grenzen und ich schaffte es nie, sie zu überzeugen. Ich versuchte es immer und immer wieder, übertrieb es manchmal sogar, um sie auch hier auf meine Seite zu bringen. Sie war eben anders, so viel anders als ich. Aber ich zweifelte immer wieder an ihrer Strategie, sich auf diese unfaire Art von mir zu lösen, sich es so einfach zu machen. Ich kannte ihren weichen

Kern und ihr großzügiges und liebes Herz zu gut. Wie oft hatte sie sich voller Liebe um mich gekümmert, mich mit Geschenken überrascht, die sie sich eigentlich nicht leisten konnte und mich bei jeder Gelegenheit, bei Tag und bei Nacht, zum glücklichsten Menschen gemacht. Aber wer kennt schon die Frauen? Oft unergründlich in ihren Worten und Taten, für uns Männer meist unlogisch und damit unberechenbar. Die weibliche Psyche ist vermutlich bestimmt nicht nur für mich unergründlich.
Aber gibt es, trotz alledem, etwas Schöneres als eine erfüllte Liebe? Erkennen wir unsere wahren Schwächen nicht nur bei ihr? Entfalten wir nicht erst dort unsere ganze Stärke? Jegliche natürliche Motivation erwächst aus der Liebe, der stärksten Kraft, die in uns wohnt. Dies ist, so glaube ich nun, eine unumstößliche Wahrheit, die ich aber erst aus großen Fehlern und Leid und leider auch viel zu spät sehr schmerzhaft erkannte. Es ist schon paradox: nun, am Ende angekommen, langsam weise oder wenigstens klug zu werden. Vermutlich kann ein weiser Mensch öfter aus den Fehlern von anderen lernen und ein Kluger wenigstens aus seinen eigenen.

Nun war ich doch wieder in alte Gedankenstrukturen abgedriftet und philosophierte über das Leben. Der Schmerz und das krampfartige Gefühl in der Magengegend hatten mich erneut wieder und ich wusste, warum ich eigentlich hier war und es war gut so, ich wollte es!

In dieser Nacht schlief ich nicht gut. Die Gedanken des Abends hatten mich doch erheblich aufgerieben. Nach dem Frühstück packte ich schnell alles zusammen und setzte meinen Marsch fort.

So lief ich die nächsten Tage immer weiter Richtung Norden. Ein Tag verlief wie der andere. Auch, wenn mich nun plötzlich ab und zu aus irgendwelchen unerfindlichen Gründen der Lebenswille wieder gepackt hätte, wäre eine Umkehr vermutlich nicht mehr möglich gewesen. Mein Vorrat an Lebensmitteln setzte mir nun eine deutliche und unüberwindliche Grenze in Richtung Leben. Wenn mich doch einmal ein Hauch von Lebenswille ereilte, dachte ich einfach an Anke und alles war wieder wie immer.

Ab und zu fing ich mir nun einen Fisch. Jedes Mal klappte es nach kurzer Zeit, einen an der Angel zu haben. Jeder Petrijünger wäre neidisch oder würde es als Anglerlatein bezeichnet, wenn ein Anfänger wie ich ohne professionelle Ausrüstung und richtigen Köder von solchen Ergebnissen berichten würde. Wieder überprüfte ich meine Vorräte. Ich hatte noch ein knappes Viertel Brot, ein kleines Stück Schinken, einige Teebeutel und Brühwürfel. Als letzte Rationen drei Büchsen mit Wurst, fünf Beutelsuppen und die Tüte mit Mehl.

In den letzten Tagen war ich gut vorangekommen, wenn man das überhaupt so bezeichnen konnte. Heute war Tag vierzehn meiner Reise in die ewigen Jagdgründe. Meine Landkarte verriet mir, wo ich mich befand und welche Strecke ich zurückgelegt hatte. Ich war an einem großen See angekommen, der unverkennbar auf der Karte auszumachen war. Wald, so weit das Auge reicht, Flüsse und immer wieder Seen. Ich hatte knapp einhundert Kilometer zurückgelegt. Diese Gegend schien ideal. Der Blick, den ich von dieser Stelle aus hatte, war traumhaft. Ich stand auf einer leichten Anhöhe. Vor mir breitete sich der See aus. Sachte fiel das Gelände von meinem Rastplatz aus zirka zwanzig Meter zum Ufer hin. Hinter mir waren es so dreißig Meter bis zum Wald, aus dem ich kam und zu beiden Seiten und um den gesamten See alles Urwald. Nur vor mir, hin zum Ufer, standen nur vereinzelt Bäume und dazwischen etwas Unterholz, Farne, große mit Moos bedeckte Steine und kleinere Sträucher mit roten und blauen Beeren. Aber das beste war das Panorama gegenüber vom See. Wie überall hier begann der dichter Wald auch dort gleich am Ufer, erstreckte sich über einen sanften Hügel und verschwand in einem dahinter liegenden Tal. Dann tauchte er nur noch als dunkler Streifen erkennbar wieder auf und folgte drei steil angehenden, gigantische Felsformationen bis an die Stelle, an der die natürliche Grenze für Bäume festgelegt war. Fast wie drei Pyramiden standen diese Gebirgszüge majestätisch nebeneinander. Der Mittlere war etwas größer. Alle trugen an der Spitze eine weiße Mütze. Rechts und links fielen sie flach ab und gingen wieder in die endlose Wälder über. Ich stand da und starrte, konnte den Blick nicht lösen. Es war einfach überwäligend. Der Blick immer noch festgekrallt, legte ich meine Last ab. Zu allem Überfluss plätscherte rechts neben mir, so zehn Meter entfernt, ein kleiner Bach, der irgendwo unten am Ufer im See verschwand. Ein malerischer Anblick, das Wasser tanzte über rund gelutschte Steine. Zum See hin wurde er etwas breiter. Kurz vor der Einmündung war eine große Sandbank entstanden. Da irgendwo vereinigte sich der Bach mit diesem herrlichen See. In diesem Augenblick wurde es mir klar: ich war angekommen. Es konnte kein besseres letztes Zuhause mehr geben, weit genug war ich auch gekommen. Hier sollte es nun geschehen. An diesem Ort wollte ich meine letzten Tage verbringen! Wer auf dieser Welt hatte schon einen solchen märchenhaften Sterbeplatz. Diese Reise, dieser Marsch hatten sich gelohnt, es war wirklich eine würdige Stelle. Ich konnte mich von diesem Anblick nicht losreißen, saß nur da und war wie berauscht. Irgendwann baute ich mein Lager, entfachte ein Feuer und trank einen Tee. Meine Vorräte waren nun wirklich fast aufgebraucht - und dann kam doch die gefürchtete Panik auf. Ich war bis hierher gekommen. Keine Unfälle, keine Verletzungen hatten das Ende gebracht. Also sollte es so sein, an diesem Ort zu sterben. Aber wie? Verhungern war die einzige Variante, die ich mir nun nur noch vorstellen konnte. Oder in den See springen oder vergiften, aber das wollte ich ja nicht. Das hätte ich auch zu Hause erledigen können. So wollte ich eigentlich nicht sterben, sondern auf meine Art oder besser auf die Art, die der Schöpfer bereithielt. Mit diesen Gedanken legte ich mich schlafen. Vielleicht wachte ich nicht mehr auf? Aber das war wohl zu einfach.

Als ich doch wieder erwachte, überfiel mich so eine apathische Ruhe. Ich hatte keine Lust aufzustehen. Warum auch? Jetzt gab es nichts mehr zu erledigen, alle Zeit der Welt gehörte mir. Ich blinzelte in die Wolken, die vereinzelt vorüber zogen. Sonst durchliefen die Gedanken ständig meinen Gehirnkasten, zogen wie auf einem Fließband vorbei. Nun war totale Ruhe, so schlief ich wieder ein. Es war gegen Mittag, als ich erwachte und etwas Hunger verspürte. Ich sah auf den kläglichen Rest meiner Nahrung und fasste den Entschluss, nun mein letztes Brot und den Schinken aufzuessen. Noch einmal wollte ich richtig schlemmen. Es hätte auch noch für zwei Mahlzeiten gereicht. Aber was sollte das Hinauszögern, noch einen Tag und noch einen. Die Wildnis hatte mich tief genug verschluckt. Es war alles klar, ich wusste, was ich wollte. Von Panik war eigenartigerweise nichts mehr zu spüren. Die Ruhe in mir hielt an. Irgendetwas nahm mir die Angst. Mir war, als müsste ich nicht sterben. Eher hatte ich so ein Gefühl wie Neuanfang. Oder spielte mir diese Situation nun einen Streich? Irgend etwas geschah mit mir. Sollte sich vor dem nahenden Tod eine solche eigenartig, ruhige, sorgenfreie und gelassene Atmosphäre aufbauen? Es war direkt unheimlich! Ich verspürte sogar eine Art Glücksgefühl, keinen Schmerz mehr, der mich doch an diesen Ort getrieben hatte.

Ich genoss das Brot und den Schinken, dazu eine Tasse wohlschmeckende Brühe. Das Feuer knisterte, ich saß bequem und blickte über den See, rüber zu den schneebedeckten Bergen. In diesem Augenblick hätte ich mit nichts und niemanden getauscht. So saß ich ohne Zeitgefühl, genehmigte mir noch einen Tee und genoss diese unheimlich wundersame Ruhe und absolute Gelassenheit. Irgendwann kamen meine phantastischen Gedanken zurück, hier dieses so oft erträumte Blockhaus mit einer großen Terrasse und Blick zum See zu bauen und an einem solch herrlichen Tag dort sitzend und schreibend und Anke… Verflucht, da war es wieder! Das Bild dieser Frau, die mich erst so glücklich gemacht hatte, aber dann unfassbar verzweifeln ließ.

In dem Moment war es vorbei mit der Idylle der vergangenen Stunden. An diesem Tag war ich nur noch mit dem Sammeln von Holz beschäftigt, den Rest hatte ich verdöst. Da es auch heute nicht nach Regen aussah, platzierte ich meinen Schlafsack wieder neben dem Feuer, ohne das Lean-To zu bauen. Einige Zeit schaute ich noch in den immer wieder überwältigenden Sternenhimmel. Morgen wollte ich einen geeigneten Platz für mein allerletztes Lager auswählen und es mir richtig gemütlich machen.

Irgendwann würde ich hier in das zurückkehren, aus dem ich vor fünfzig Jahren gekommen war. Aber vorher musste ich diese herrliche Gegend, meinen Sterbeplatz, doch noch etwas genauer erkunden.

Am anderen Morgen fühlte ich mich richtig fit. Keine Anzeichen von Todesangst oder panischer Suche nach Essbarem. Ich versuchte erneut mein Anglerglück und in der Zwischenzeit begann ich, einen Brotteig vorzubereiten. Dafür war es notwendig, einen so genannten Teigstarter herzustellen. Mit etwas Mehl und angewärmten Wasser, in dem ein Tütchen Trockenhefe aufgelöst wurde, rührte ich einen kleinen dünnen Teig an und deckte ihn mit einem Tuch ab. In der Hoffnung, dass er sich etwas entwickelte, überließ ich ihn seiner Gärung. Einige Male hatte ich es zu Hause getestet. Es gelang immer, also warum nicht auch hier. Ich sah nach der Angel. Aber dieses Mal rührte sich noch nichts, also weiter warten. Warten auf einen Fisch und den Brotteig. Der Teig musste allerdings bis zum anderen Tag in Ruhe gelassen werden. Nur die Angel sollte eher zum Erfolg kommen, denn ich verspürte etwas Hunger. Eine Beutelsuppe wollte ich mit frischem Brot genießen und so füllte ich meinen Magen erst einmal bloß mit Wasser. Dann nahm ich mein Beil in die Hand und durchstreifte die nähere Umgebung. Die Lichtung erschien mir etwas unwirklich. Wieso standen hier so wenige Bäume? Überall war dichter Wald bis ans Ufer, nur hier schien er wie ausgelichtet. Vereinzelt standen entweder nur sehr große oder nur kleinere Laubbäume in großen Abständen auf diesem leicht abfallenden Terrain bis zum Ufer hin.

Noch einmal sah ich nach der Angel. Regungslos lag sie an ihrem Platz. Da ich kein Brot mehr hatte, hing nun eine kleine Raupe als Köder am Haken. Vermutlich war es nicht die Lieblingsspeise meiner erhofften Beute. Zur Sicherheit kontrollierte ich den Haken und musste zu meiner Verwunderung feststellen, dass die Raupe verschwunden war. Also alles von vorn und bald war ein neuer Wurm am Haken. Ich warf sie weit hinaus, verankerte sie fest an einem großen Stein und lief die Lichtung ab. Schon nach ein paar Metern war es vorbei mit dem Laufen. Als ich durch die Farne lief, die hier einen Meter hoch gewachsen waren, war ich irgendwo hängen geblieben. Ich stolperte, verlor den Halt und stürzte. So lag ich nun zwischen diesen gewaltig großen Blättern und entdeckte den Grund für meinen Sturz: es war ein Baumstumpf, über den ich gestolpert und der zwischen den Farnen nicht zu sehen gewesen war. Als ich mich an ihm festhielt, um aufzustehen, fiel mir auf, dass der dazugehörige Baumstamm fehlte. Ich streifte die Sträucher und Farne beiseite, aber der Stamm war nicht da. Vielleicht war er schon verrottet, dachte ich noch so bei mir, als mein Blick wie versteinert am Ende des Baumstumpfes hängen blieb. Dieser Baum war nicht einfach altersschwach umgefallen. Deutlich waren Spuren menschlicher Tätigkeit zu erkennen. Hier hatte jemand einen Baum gefällt. Nun kam die Erleuchtung und das Geheimnis der so eigenartigen Lichtung war damit gelöst. Ich fand noch einige solcher Stümpfe. Alle waren ungefähr gleich dick. Das ließ nur einen Schluss zu: irgendjemand hatte hier Bäume für eine Hütte geschlagen. Die Stellen der Axthiebe waren noch gut zu erkennen. Sicher war nur, dass es ein kräftiger Mann, mit einer sehr guten Axt gewesen sein musste, denn die Spuren der Einschläge waren enorm groß. Wer es auch immer gewesen war, er hatte nicht zum ersten Mal Bäume gefällt. Aufgeregt sah ich mich um. Irgendwo musste hier eigentlich eine Hütte stehen, denn ich glaubte nicht, dass die Bäume an dieser Stelle für den Export geschlagen wurden. Aber so sehr ich auch die nähere Umgebung in Augenschein nahm, ich konnte nichts entdecken. Ich lief einmal über die Lichtung. Doch so sehr ich mir auch Mühe gab, ich sah nichts, das nach einer Behausung aussah. Irgendwo musste diese verdammte Hütte doch sein, zumindest irgendwelche Überreste! Aber hier stand nichts. Es war mir ein Rätsel.

Nachdenklich ging ich in Richtung Angel. Da wartete die nächste Überraschung auf mich. Die Angelschnur war wieder ohne Köder, aber dieses Mal auch ohne Haken. Sie war am Schwimmer weggerissen, aber bestimmt nicht von alleine. Irgend ein Monster musste hier am Werk gewesen sein. Nur gut, dass Ersatzhaken vorhanden waren. Eigentlich hatte ich die Angelei nie in meine Pläne mit einbezogen. Aber nun an diesem Ort war alles anders. In diesen Momenten dachte ich kaum noch an mein Vorhaben, sondern war überwältigt von allem, was mich umgab. So hatte ich mir das alles nicht vorgestellt. Und nun noch diese spannende Entdeckung mit den gefällten Bäumen.

Ich hatte einen neuen Haken befestigt, dieses Mal doppelt und dreifach verknotet, ein neuer Wurm und nun hoffentlich neues Glück. Jetzt setzte ich mich ans Ufer, die Schnur fest in der Hand und überlegte, wo die Hütte sein könnte. Ich musste den Radius meiner Erkundung vergrößern. Irgendwo musste doch jemand etwas gebaut haben.

An diesem Abend dachte ich nicht mehr so sehr über mein Elend nach, denn es war alles so spannend und herausfordernd geworden!

Angekommen

Wartend saß ich am Ufer und blickte über den See. Immer noch hoffte ich auf einen Fang. Morgen werde ich die Hütte suchen. Ich konnte es kaum begreifen, dass hier schon einmal jemand gelebt hatte, ausgerechnet hier, an diesem Ort. Es ging mir ständig durch den Kopf, ließ mir keine Ruhe. Oder gab es diesen Unbekannten noch? Vielleicht wurde ich bereits beobachtet? Oder dieser Fremde kam nur zu bestimmten Zeiten, um zu jagen oder im Winter Fallen zu stellen? Ich wurde immer unruhiger und wollte mich gerade aufmachen, um doch noch heute die Suche zu beginnen, als mein Schwimmer verschwand. Etwas Gewaltiges zog an der Schnur und ich hatte alle Mühe, sie zu halten. Ich wickelte sie um die rechte Hand und zog vorsichtig. Die Sehne schnürte sich fest in die Haut und es fing an zu schmerzen. Sehr langsam holte ich den Fang ein und ein letztes Aufbäumen des Opfers brachte ihn ans Ufer. Es war ein kapitaler Hecht, ein wirkliches Monster. Noch nie hatte ich einen so großen Hecht gesehen. Ich musste kräftig zuhauen, bis er aufhörte zu zappeln. Was nun? Auf einmal konnte ich diesen Prachtburschen nicht verspeisen. Lagerhaltung war nicht möglich und den Rest einfach den Bären zu überlassen war in Anbetracht meiner dürftigen Speisekarte nicht zu empfehlen. Ich hatte mal gelesen, dass Bären eine sehr gute Nase haben. Mich wunderte es sowieso, dass ich bisher noch keinen zu Gesicht bekommen hatte, denn bei der Zubereitung über dem Lagerfeuer stiegen immer verlockende Düfte empor.
Also blieb nur das Konservieren durch Räuchern. Beim Räuchern war ich im Garten meines Bruders mal dabei

gewesen. Er hatte sich aus einem alten Fass einen Räucherofen gebaut und es funktionierte wirklich sehr gut. Nur, ein Räucherofen oder eben ein solches Fass war hier sehr schwer zu bekommen. Jetzt war meine Kreativität gefragt. Ich beschloss einen Räucherofen zu bauen. Aber erst einmal bedeckte ein herrlicher Duft von Bratfisch meine Lichtung und die Rauchschleier verschwanden gespenstig im Wald. Wie lange würde es wohl dauern, bis sie die empfindliche Nase eines Bären erreichte und ihm das Wasser im Maul zusammenlaufen ließ? Dieser Gedanke setzte sich von nun an in mir fest und ließ mich nicht mehr los.

Ich beschloss, gleich am anderen Morgen die Hütte zu suchen. Falls da eine war, bot sie mehr Schutz als meine offene Behausung, obwohl mir der allabendliche Blick in die Sterne bestimmt fehlen würde. Glücklicherweise hatte ich einen richtigen Sturm mit allem drum und dran noch nicht erlebt. Das wäre bestimmt in meinem Lean-To sehr ungemütlich geworden. Als ich da nun so herrlich sattgegessen am Feuer saß, dachte ich an diesen Tag zurück und musste mit Erstaunen feststellen, dass es mir nun schon zum wiederholten Male gar nicht mehr so sehr nach Sterben zumute war. Meine Vorräte waren fast alle. Trotzdem war ich so gesättigt wie noch nie, seitdem ich in diese Wildnis eingetaucht und heute auf meine mitgebrachten Speisen überhaupt nicht angewiesen war. Jetzt plante ich sogar den Bau eines Räucherofens und wollte unbedingt die Hütte finden. Stück um Stück traf ich, unmerklich erst, Vorbereitungen für ein Weiterleben. Mich befiel so eine Art leichte Euphorie. Es drängte mich nach Taten. Was war nur geschehen mit mir? Noch lange an jenem Abend dachte ich darüber nach. Fast schon im

Halbschlaf zog eine Art Vorahnung an mir vorüber, die in einen Traum überging.

Als ich erwachte, fühlte ich mich irgendwie anders. Ich spürte es sofort. Noch bevor ich mein Frühstück bereitete, schrieb ich mir meine Gefühle, die langsam, aber unaufhaltsam zu stabilen Gedanken wurden, aus dem Leib. Der Traum, der den Schlaf beherrschte, erschien mir so real und gepaart mit den letzten Gedanken des Abends, ergab es ein doch überraschendes Gesamtbild. Ich konnte mich an jede Einzelheit dieses Traumes erinnern und wie aus einem sich auflösenden Morgennebel langsam alles erkennbar wird, verstand ich nun langsam diesen Schicksalsweg der vergangenen Monate. Ich sah nach oben in das einzigartige Blau der Unendlichkeit und begriff auf eine wundersame Weise, dass es vermutlich nicht der Todeswille war, der mich an diesen Ort gebracht hatte, sondern der seit Jahren in mir wohnende Drang, dies alles einmal wirklich zu erleben. Wie oft hatte ich es mir fest vorgenommen, geplant, vorbereitet und am Ende immer wieder verdrängt. Da waren die Arbeit, die Verpflichtungen, auch Gewohnheiten und vor allem die Ratschläge derer, die es bestimmt nur gut meinten und der Überzeugung waren, es lieber sein zu lassen. Nun standen aber Wille und Glaube und der daraus drängende Wunsch, es doch irgendwann zu tun, gegen die so genannte Vernunft und guten Ratschläge, es nicht zu machen und der Verstand übernahm das Restliche. Er versuchte, mich ständig vor dem Unbekannten zu schützen und mich lieber dort zu wissen, wo ich mich auskannte, nämlich in meiner mir so alt vertrauten Heimat, in meinem gut organisiertem tick-tock Leben. Somit war ich wie in einer Zwickmühle gefangen. Mein Verstand und die Meinungen der sich immer Sorgen machenden lieben Mitmenschen standen der in mir drängenden Abenteuerlust und Neugier fast schon feindlich gegenüber. Der Konflikt in mir schien unlösbar und sich ständig nur noch zu verschärfen. Da sich rational keine Lösung anbot, musste es sich eben anders klären. Meine Phantasie beflügelte meinen Willen und den Glauben so stark, dass die Lösung dieses inneren Problems nur in einer radikalen Änderung meines gesamten Lebens bestehen konnte. So sorgte dieses Leben dafür, dass diese radikale Änderung, wie schon in Teilen beschrieben, sich langsam, aber sicher verwirklichte.

Mein Unterbewusstsein, diese innere Kraft, die Jahre lang immer wieder mit diesem Wunsch und den Bildern von Kanadas Weiten gefüttert wurde, trieb mich ganz allmählich in eine ausweglose Situation. Der Verstand konnte, wie es seine Aufgabe ist, immer nur auf die gerade vorherrschende Situation reagieren. Als nun mein Leben nur noch ein Scherbenhaufen war und die ersten vorsichtigen Gedanken an ein Ende durch Selbstmord sich konstituierten, konnte mein Verstand wieder nicht anders als mich vor diesem mutwilligen, vorzeitigen Ende meines Lebens zu schützen. Nun war der Verstand, sogar so weit zu erlauben, ja sogar zu fordern, meinen lang gehegten Traum in die Tat umzusetzen, denn erst einmal in die Wildnis zu gehen war besser als sofort mit dem Leben Schluss zu machen. So musste er dieses Vorhaben nun unterstützen, um mich von meinem sofortigen Freitod abzuhalten. Damit war der Weg nach Kanada frei. So schützte mich mein Verstand vor einer Kurzschlussreaktion. Spring nicht vom Dach eines Hauses, leg dir auch keinen Strick um den Hals, sondern verschwinde in die Wildnis. Auf diese Weise war Zeit zu gewinnen und ein

Wandel des Todeswillens immer möglich. Unbewusst ging es vermutlich nur um den lang ersehnten Ausstieg und der war eben nur so zu realisieren und hätte im Normalfall nie stattgefunden. Es musste eine Ursache gesetzt werden, um diese Wirkung zu erzielen. Nun, es waren sehr gewagte Gedanken und eine fast schon mysteriöse Erklärung, aber anders konnte ich das alles nicht mehr verstehen.

Seit ich in diese Herrlichkeit eingetaucht war, ereilte mich immer wieder die Neugier und der Vorwand des Todes war der Antrieb jeglichen Handelns. So trickste ich mich unbewusst selber aus und erreichte nach vielen Jahren des Träumens endlich mein ersehntes Ziel. Nur so konnte es funktionieren und nur so war es möglich geworden. Allerdings war der Schmerz der verlorenen Liebe, der mich mit diesem Psycho-Trick hierher geführt hatte, mehr als echt. Aber das Leben oder das Schicksal oder was auch immer hatte eben keine andere Möglichkeit gehabt, mich endlich auf den Weg zu schicken. Allmählich und unmerklich wurde der Schmerz von diesem gigantischen Abenteuer überschattet und wandelte sich in eine Liebe, die irgendwie und irgendwann in eine Art Bedingungslosigkeit verzaubert wurde. Nicht sofort, sondern unmerklich von Tag zu Tag, die sich zu einer der schönsten Geschenke des Lebens in mir abspeicherte. Damals dachte ich noch sehr viel an Anke, wie auch heute diese Erinnerung mich immer wieder erfasst. Die Erinnerung an eine Frau, die mich für eine kurze Zeit zum glücklichsten Mann gemacht hatte und mit der ich nach meinem verkorksten Leben noch einmal ganz von vorn anfangen wollte. Schon damals, zwar noch unbewusst, aber heute im klaren Gefühl dieser bedingungsloser Liebe, wünschte ich ihr von ganzem Herzen ein erfülltes Leben. Diesen Schmerz, der mich damals durch den Verlust ihrer Liebe fast zum Wahnsinn trieb, würde ich heute bei der Gewissheit empfinden, wenn ich sie unglücklich wüsste. Es ist immer noch schön, an diese Zeit zurück zu denken und zu phantasieren, was wohl aus einem Leben mit ihr und dem süßen Töchterchen geworden wäre, wie wunderschön diese Liebe war.

Auch heute noch erfasst mich ein Gefühl der Begierde, wenn ich an sie denke. Oft muss ich diese Gedanken regelrecht abschütteln, um nicht in stürmische Erregung zu kommen. In solchen Momenten erledige ich meinen Holzvorrat für die nächsten Tage mit Leichtigkeit. Es glüht die Axt, wenn diese erotischen Stunden durch meine Phantasie spazieren und die Holzscheite fliegen nur so durch die Luft. Ich kann erst aufhören, wenn ich erschöpft, in Schweiß gebadet, kurz vor der Ohnmacht stehe. Diese Frau geliebt zu haben, die mich zu ständigen Ausbrüchen trieb, wie in Trans schwebend, zu nicht enden wollenden immer wieder erneuten Gefühlsschüben motivierte, mich durch ein Paradies der Liebe führte, war eines der großen Geschenke, die ich jemals erhalten habe. Jeder Quadratzentimeter ihres Körpers war mir vertraut. Ich umspielte ihn mit meinen Händen und Lippen und auch sie nahm meinen Körper mit ihren Liebkosungen immer wieder voller Begierde.

Aber erst jetzt, nach der gedanklichen Offenbahrung der vergangenen Stunden, des Begreifens dieser Odyssee, erkannte ich, dass ihre Entscheidung, mich damals gehen zu lassen, doch kein Vorwand war, um wieder frei zu sein. Es war wohl doch eine schmerzhafte, aber bestimmt intuitive Erkenntnis, mich gehen zu lassen, damit ich meinen so lange gehegten Traum endlich verwirklichen konnte. Nichts ahnend von dieser Macht der Gedanken und Gefühle des großen Kanadatraums, hatte ich ihr oft schwärmerisch erzählt von dem Leben in dieser für mich einzigartigen Natur und damit verbundenen Freiheit. Ich merkte nicht, dass sie irgendwann das Gefühl haben musste, dem im Wege zu stehen. Damals verschüttete der tiefe Schmerz dieser verlorenen Liebe diese meine Wahrheit, diesen Traum. Ich hätte sie damals nie verlassen, wäre nie von ihr gegangen. Meine Liebe war viel zu groß und lähmte alles, was in mir war. Ich war ihr verfallen und wäre mit Freuden der Sklave dieser meiner Königin geworden.

Ein angenehmer Duft des gestern angesetzten Teigstarters stieg mir in die Nase und riss mich aus meinen Gedanken. Als ich mich erhob, spürte ich, dass in diesem Augenblick meine Hose im Schritt etwas zu eng geworden war. Es war wohl ratsam, in Zukunft solche Gedanken mit aller Kraft zu verhindern. Hier gab es nur mich, kein weibliches Wesen und erst recht keine Anke und bevor diese Situation zu grausam wurde, lenkte ich meine Aufmerksamkeit mit aller Macht auf den Teig. Nun musste es sich zeigen, ob es auch hier gelang, ohne Elektroofen, ein essbares Brot zu backen. Mit einem Viertel des Mehles, das ich noch besaß, knetete ich einen festen Teig und ließ ihn erneut eine Weile reifen. In der Nähe des Feuers sollte er nun zur doppelten Größe heran wachsen. Ich nutzte die Zeit und suchte mir einen flachen Stein, der etwas größer als meine Pfanne sein musste. Er war schnell gefunden. Ich platzierte ihn so dicht an das Feuer, dass er schön heiß werden konnte. Darauf wollte ich nun mein Brot backen. Da der Teig noch etwas ruhen musste, machte ich es mir am Feuer gemütlich und ließ meine Gedanken baumeln.

Ich lag bequem auf der Iso-Matte, hatte den Schlafsack darauf gelegt und blinzelte in die Wolken, die vereinzelt vorüber zogen, als ein lautes Knacken wie von brechenden Holz mich aus meinen Gedanken riss. Ruckartig sprang ich hoch, duckte mich sofort wieder, kniete mich hin, die Hände nach vorn abgestützt. Starr vor Schreck sah ich gespannt in die Richtung des berstenden Unterholzes. Am rechten Ufer des Sees, nicht weit von mir, tauchte ein Elchbulle auf und sah prüfend um sich. Er schien mich nicht zu bemerken und senkte seinen riesigen Kopf in das flache Uferwasser. Vermutlich hatte er auch Mittagshunger und ließ es sich in aller Ruhe schmecken. Ich merkte, wie mein Körper sich langsam aus der Starre löste. Ein tiefer Seufzer beendete diesen Schreckenszustand. Nun saß ich wieder entspannt und beobachtete dieses herrliche Tier bei seiner Mahlzeit.

Schon nach kurzer Zeit verschwand er wieder. Vielleicht hatte er mich doch bemerkt.

Noch fasziniert von dem Anblick dieses herrlichen Geschöpfes musste ich nun meine Aufmerksamkeit dem Brotbacken widmen. Der Teigklumpen war etwas größer geworden, zwar nicht wie erhofft zur doppelten Masse, aber länger warten wollte ich nicht mehr. Vorsichtig legte ich ihn auf die sehr heiß gewordene Steinplatte und stülpte meine Pfanne darüber. Sie hatte einen hohen Rand und genau deshalb hatte ich sie auch gekauft. Damit eignete sie sich bestens zur Zubereitung von Soßen und eben auch zum Backen, so hoffte ich zumindest. Gespannt saß ich am Feuer. Ich traute mich nicht, von dieser Stelle zu weichen. Es musste gelingen. Nach einer Weile fing es an,

verführerisch zu duften. Das war zumindest erst einmal ein gutes Zeichen. Ich hatte Bedenken, dass es anbrennen könnte und so kontrollierte ich das Brot in regelmäßigen Abständen, indem ich die Pfanne etwas anhob und mein Werk immer wieder in Augenschein nahm. So verging fast eine Stunde. Als die Oberfläche eine dunkelbraune Färbung erreicht hatte, beendete ich diese Premiere. Die Unterseite war zwar nach genauerer Betrachtung sehr dunkel geworden, aber sonst sah alles gut aus und roch auch so. Nun musste es nur noch schmecken. Ich legte das Brot zum Kühlen ab. Mir lief schon das Wasser im Mund zusammen, denn ich hatte nicht nur Appetit, ich hatte richtigen Hunger. Es war bereits Nachmittag, als ich mein erstes in der Wildnis gebackenes Brot anschnitt. Auch innen war es gut und so biss ich mit Spannung in den Knust. Voller Konzentration auf alle Geschmacksnerven kaute ich langsam und war von diesem Ergebnis begeistert, mehr noch, ich war richtig stolz auf dieses Resultat. Es war gelungen und das bedeutete, dass ich für die nächste Zeit Brot hatte, da das restliche Mehl bestimmt noch für zwei Brote reichen könnte. Weiter wollte ich erst einmal nicht denken. Wieder war ich satt geworden und so machte ich mich nun auf die Suche nach der Hütte.
Ich ordnete etwas mein Lager und warf noch ein paar Holzscheite aufs Feuer. Dann schnallte ich mein Überlebensmesser um, nahm das Beil und marschierte geradewegs in Richtung Waldrand. Genau oberhalb meines Lagers begann ich mit der Suche. Ich drehte mich zum See und musste nun nach links gehen, denn von rechts war ich auf diese Lichtung gekommen, von der Seite, an der der Bach zum See lief.

Schon nach wenigen Schritten entdeckte ich sie,

zumindest das Dach und ein Stück der linken Wand. Wie von Geisterhand stand sie plötzlich vor mir. So oft hatte ich in diese Richtung gesehen. Sogar vorbei gelaufen war ich schon, ohne, dass ich sie bemerkt hatte. Nur ein paar Sträucher und niedrige Bäume versperrten den Blick, aber das Dach war deutlich zu erkennen. Wie ein Spuk kam es mir vor und ich begriff erneut, wie wundersam diese Natur sein kann. Wieso hatte ich sie nie bemerkt? Sogar vom Lagerplatz aus müsste ein Teil des Daches zu erkennen sein. Sehr rätselhaft! Aber ich glaube, dass Dinge, die man nicht vermutet und nie erwartet, irgendwie unsichtbar sind, einfach aus der Wahrnehmung rausgefiltert werden, wenn sie nicht gerade direkt vor einem stehen. Noch immer stand ich da auf diesem Fleck und sah zur Hütte, so, als wollte ich es immer noch nicht glauben. Ich löste mich aus meiner ungläubigen Starre und näherte mich mit einer inneren Anspannung fast schleichend dieser Hütte. Sie machte einen stabilen Eindruck. Der Bauplatz war gut gewählt. Sie stand auf einer kleinen Anhöhe. Die Terrasse, die so lang wie die Hütte und etwa eineinhalb Meter breit war, wurde vom Dach überspannt. So konnte man auch bei Regen ein Plätzchen im Freien genießen. Ein nach hinten abfallendes Dach, in der Fachsprache Pultdach, war mit Gras bewachsen, ein richtiges Naturdach. Ich staunte so vor mich hin, stand wie gebannt und die Neugier stieg ins Unermessliche, endlich das Innenleben kennen zu lernen. Langsam, fast ehrfürchtig, stieg ich über die eine Stufe auf die Terrasse zur Tür. Ich spürte mein Herz bis zum Hals schlagen. Was würde mich erwarten? Bei dem Gedanken, den Besitzer oder nur noch sein Skelett zu finden, hielt ich inne. Meine Phantasie überschlug sich. Was soll es, ich holte tief Luft und stieß gegen die Tür. Doch nichts geschah. Vielleicht geht sie nach außen auf? Ich zog an dem Griff, der wie eine Türklinke aus einem Stück Wurzel befestigt war. Bestimmt zerrte ich etwas zu stark. Das Holz war vermutlich im Laufe der Zeit etwas verrottet und die Wurzelklinke brach ab. Die Tür hatte sich nur wenige Millimeter hin und her bewegt, stieß beim Rütteln immer gegen ein Hindernis und blieb fest versperrt. Von Außen konnte ich keine Verriegelung feststellen, also musste sie von innen gesichert sein. Der Verdacht, dass sich vielleicht der Besitzer zum Sterben in seiner Hütte verbarrikadiert hatte, um nicht als Aas gefressen zu werden, verdichtete sich nun bei mir. Wie war es sonst möglich, eine Tür von innen zu versperren und nicht drin zu sein?

Ich ging erst einmal prüfend um den Bau. Gleich links neben der Tür war ein Fenster, das mit einer Klappe fest verschlossen war. Es war nicht sehr groß, gerade so, dass etwas Licht ins Innere gelangen konnte. An der linken Seite war kein Fenster eingebaut. Hier ging das Dickicht fast bis zur Wand. Es war lediglich noch ein kleiner Trampelpfad zu erkennen, um hinter die Hütte zu kommen, der aber fast schon wieder zugewachsen war. Hier konnte kein Licht an die Hütte kommen. Die linke hintere Ecke zierte ein aus Flusssteinen gebauter Kamin, der mit einer eigenartigen Konstruktion über dem Dach zirka eineinhalb Meter hoch endete. Ich beschreibe bewusst diesen Kamin als Zierde, weil er wirklich sehr schön gebaut war. So mancher Häuslebesitzer in der Tick-Tock Welt wäre froh gewesen, so ein Schmuckstück an seinem Häuschen zu haben. Nur dieser Aufbau über dem Schornstein war mir ein Rätsel und verunstaltete diesen wunderbar gebauten Kamin. Aber hier kam es ja nicht auf Schönheit an, sondern nur auf Zweckmäßigkeit und somit hatte dieser Aufbau ganz bestimmt einen praktischen Sinn. Dann sah ich wieder ein Fenster, das so etwa einen Meter von der hinteren Ecke in der Rückwand eingebaut war, genau so groß wie das an der Vorderwand und genau so verschlossen. Hinter der Hütte war der Busch gerodet. Hier war ein richtiger Platz vorhanden, wie ein Arbeitsplatz für handwerklichen Verrichtungen. Am Rand dieses Platzes waren Erdhügel aufgeschüttet, die hier nicht ihren Ursprung hatten. Sie waren allerdings schon leicht bewachsen, was darauf schließen ließ, dass hier bestimmt schon einige Jahre keiner mehr tätig gewesen sein konnte. Mein Blick ging in diesem Moment wieder misstrauisch zur Hütte und ich sah vor meinem geistigen Auge den Einsiedler verwest im Innenraum liegen. Alles deutete nun darauf hin, dass dieser Mensch hier gelebt und irgend etwas gearbeitet hatte. Ich fand auf diesem Platz Hacken und Schaufeln, auch vom Zahn der Zeit gezeichnet, einen halb verfallenen selbstgebauten Karren, gerade so groß, dass er für einen kräftigen Mann zu ziehen war. Gezogen hatte der Besitzer ihn an einem langen Lederriemen, der am vorderem Ende zu einer Schlaufe gebunden war. Vermutlich hatte er ihn über die Schulter gelegt, um so den Karren besser bewegen zu können. Weiterhin fand ich zwei Eimer und eine Art Holztrog, der etwas mit Schutt gefüllt und schon leicht verrottet und überwachsen war. Mit was hatte sich dieser Mann hier nur beschäftigt?

Meine Blicke gingen immer wieder über diesen Platz und nun zählte ich eins und eins zusammen. Ich versuchte, mir vorzustellen, was er tat. Von irgendwoher holte er diesen Schutt, der eher aussah wie Geröll, also von großen Brocken bis ganz feine Erde und er hatte diesen Abraum bearbeitet. Bei diesem Wort „Abraum" rutschte langsam der Groschen und es fiel mir wie Schuppen aus den Haaren: Er suchte nach irgendetwas und meine Phantasie brachte es sofort hervor: Gold! Was soll man in Kanada anderes suchen als Gold. Wie oft hatte ich Jack London gelesen und war immer wieder träumerisch in diese Geschichten versunken. Meine Anspannung stieg von Sekunde zu Sekunde, aber ich musste erst einmal weiter die Hütte in Augenschein nehmen. Plötzlich gab es so viel Neues, so viel zu ergründen. Nun war alles spannend und ich war von einer unbändigen Euphorie erfasst. Meine Angst, selbst vor dieser vermuteten Leiche, verflog. Meine Gedanken überschlugen sich wie Purzelbäume. Mühsam zwang ich mich zur Ruhe, aber dieser erhöhte Herzschlag blieb. So fand ich an der rechten Seite wieder ein Fenster, genau wie die anderen beiden gebaut und fest verschlossen. Auf dieser Seite war der Blick frei bis zu den Bergen am Horizont, da hier das Terrain wie vor der Hütte auch so ungefähr fünfzig oder sechzig Meter bis zum See hin abfiel. Der Platz zum Bau war wirklich ideal gewählt, nicht sofort vom See aus zu erkennen, aber mit freiem Blick in fast alle Richtungen. Der Arbeitsplatz lag hinter dem Haus, so dass nach Feierabend auf der Terrasse der Blick frei war. So war es möglich, sich zu erholen und diese herrliche Landschaft mit diesem gigantischen Horizont in vollen Zügen zu genießen, ohne an die bestimmt beschwerliche Arbeit erinnert zu werden.

Nun stand ich wieder vor der Tür. Es half nichts, ich musste hinein. Erneut rüttelte ich mit ganzer Kraft. Aber das Ergebnis blieb das Gleiche, sie war so nicht zu öffnen. Ringsherum war die Hütte dicht, nur von innen konnte man sie so verschließen. Meine Befürchtungen ließen keine andere Möglichkeit mehr zu, in dieser Hütte konnte nur ein Toter liegen. Ich untersuchte die Tür noch einmal, um sie irgendwie ohne Gewalt zu öffnen. Aber sie blieb unverändert. Den Türgriff hatte ich ja schon abgebrochen, also was half es, es ging nur mit Kraft. Allerdings wollte ich den Schaden so gering wie möglich halten, denn Werkzeug für eine Reparatur hatte ich nicht und auf dem Arbeitsplatz hatte ich nur Hacke und Schaufel gefunden. Aber die Hacke konnte ich nun gebrauchen. Vorsichtig schob ich die spitze Seite in die Türfuge und versuchte, sie aufzuhebeln. Mit leichtem Drücken tat sich überhaupt nichts, also mehr Druck. Plötzlich brach das Brett, an der ich die Hacke angesetzt hatte und ich konnte durch diesen nun entstandenen Spalt in den Raum sehen. Nur einen kleinen Einblick gewährte mir diese Öffnung. Ich sah einen Tisch und ein Stück von einem Stuhl sowie das Fenster der Rückfront. Nun war es gewiss, ich konnte es genau erkennen: dieses Fenster war von innen verschlossen worden. Die Erregung war kaum noch zu ertragen. Aber eine Leiche konnte ich nicht sehen und der Geruch war eher etwas wie nach vergammeltem Holz, oder Pilzen.

Gut, dachte ich, hier war seit Jahren keiner mehr und falls da eine Leiche lag, war sie längst nur noch ein Gerippe. Noch immer ließ die Tür sich nicht öffnen. Aber bevor ich sie weiter zerstörte, griff ich durch den Schlitz nach innen, um sie, soweit ich eben kommen konnte, abzutasten. Den Querbalken, der durch das abgebrochene Türbrett sichtbar wurde und mittig saß, identifizierte ich als einen Teil der Tür. Aber bei genauerer Untersuchung bemerkte ich noch zwei Bretter, die die Stärke der Türbretter hatten und oben sowie unten die Tür zusammen hielten. Nun untersuchte ich die Nägel, die der Erbauer von außen in die Tür eingeschlagen hatte und fand nur oben und unten, sowie eine schräg laufende Nagelleiste, genau wie ich es auch kannte, so wie man eine Brettertür zusammen nagelte. Aber wozu dieser starke Balken in der Mitte? Es konnte sich nur um eine Art Innenverriegelung handeln. Also musste ich mich nun doch sicherlich auf ein Gerippe vorbereiten. Denn wie sollte man sonst diesen Querbalken anbringen, wenn nicht von innen? Noch einmal tastete ich, so weit ich mit dem Arm hineinfassen konnte, alles ab. Plötzlich bemerkte ich eine Kette, die vom Ende des Mittelbalkens schräg nach rechts oben führte. Erst jetzt ertastete ich auch, dass dieser Balken über die Breite der Tür hinaus ging und so ein Öffnen verhinderte. Ich konnte also rütteln, so viel ich wollte. Dieser Balken ließ ein Öffnen nie zu und wenn, dann nur mit dem Ergebnis der totalen Zerstörung dieser Tür. Allerdings musste diese Kette einen Sinn haben.

Ich musste mich etwas bücken, um meinen ganzen Arm durch den gewaltsam entstandenen Schlitz zu schieben. Nun ertastete ich diesen Querbalken weiter zur Mitte hin. Ich war so weit mit dem Arm nach innen gegangen, dass ich meine linke Wange gegen die Tür pressen musste, so dass mein Blick nach oben gezwungen wurde. Da bemerkte ich voller Erstaunen rechts außen über der Tür einen kurzen Holzstab, an dem die Kette durch ein Loch nach außen mit einem Griff befestigt war. Wenn man vor der Tür stand, konnte dieser Griff nicht gesehen werden, da ein Brett quer darüber genagelt war. Der Schlitz zwischen diesem Brett und der Hauswand war gerade so groß, dass man mit der Hand dazwischen kam, um an den Griff zu gelangen. Nun war es mir klar. Hätte ich doch nur vorher diese Tür richtig und überall untersucht, das Türblatt brauchte nicht zerstört zu werden. Nur meine Hast, diese unbändige Neugier und Unruhe, verhinderten ein überlegtes Handeln. Gut, dachte ich, der Schaden hätte größer sein können. Noch rechtzeitig genug hatte ich den Mechanismus erkannt. Mir fiel ein Stein vom Herzen. Denn nun wusste ich, dass man die Tür auch von außen verriegeln und somit auch öffnen konnte und der Leichenfund vermutlich und hoffentlich ausblieb.

Voller Spannung zog ich an diesem Griff. Mit Erleichterung sah ich, wie der innere Querbalken schräg nach oben ging. Eine geniale Idee, eine Tür so zu verriegeln. Nun hing die Kette bis zur Hälfte der Türlänge an der Scharnierseite herunter. So ließ sich die Tür problemlos öffnen. Erwartungsvoll ließ ich den Griff wieder los. Mit einem lauten Gerassel sauste dieser wieder nach oben. Gleichzeitig fiel der Querbalken mit einem lauten Krachen wieder nach unten. Der Schreck fuhr mir in die Glieder und ich bemerkte meine erneute Dämlichkeit. Natürlich musste ich den Griff irgendwo befestigen, damit der Balken oben blieb. Im Augenblick der Erkenntnis sah ich auch zwei Nägel, die gleich neben der Tür so eingeschlagen waren, dass der Griff dort eingehängt werden konnte. Jetzt blieb der Balken auch oben und die Tür stand offen. Vorsichtig, voller Spannung, ja, fast ehrfürchtig, setzte ich meinen Fuß über die Schwelle, die aus dem unteren Stamm der Hauswand bestand. Das einfallende Licht ließ nicht viel erkennen. Vorsichtig öffnete ich die Fenster. Sie waren ähnlich verriegelt wie die Tür, mit einem Brett, das quer zum Fenster gegen die Innenwand in einem Metallwinkel saß, der wiederum an der Fensterklappe befestigt war. Nahm man das Brett aus dem Winkel, konnte man die Klappe nach oben bewegen. Vermutlich mit dem gleichen Brett, mit dem das Fenster von innen verriegelt wurde, konnte auch die Fensterlappe oben gehalten werden, indem das Brettchen schräg gegen den Rahmen und die Fensterklappe geklemmt wurde. So entstand ein kleines Vordach über dem Fenster, aber es war nun offen. Da sah ich eine Scheibe aus bruchsicherem Kunststoff am Boden stehen. Sie passte saugend in die Fensteröffnung und wurde ebenso oben und unten mit zwei kerzengeraden, aber sehr stabilen Stöckchen im Rahmen verkeilt. Es war einfach, aber alles perfekt gelöst. Als ich die drei Fenster geöffnet hatte, fiel genug Licht in die Hütte, um alles genau in Augenschein zu nehmen. Auch die Lösung mit dem durchlaufenden unteren Baumstamm als Türschwelle war genial erdacht. So war die Tür dicht und hielt im Winter vermutlich den Schnee draußen. Der Wind hatte keine Chance, durch irgendwelche größeren Schlitze zu pfeifen, da alles präzise verarbeitet war. Die Holzverbindungen waren mit einem Material, bestimmt mit Moos und Erde abgedichtet. Es war eine stabile und sichere Behausung, die auch Schutz vor den Tieren bot und hier kam mir sofort wieder ein Bär in den Sinn. Vermutlich deshalb auch die doch kleinen Fenster. Meister Petz hätte auch hier keine Möglichkeit gehabt einzudringen.

Es war wie ein Geschenk des Himmels. Ich war glücklich, diese Hütte gefunden zu haben, die auch noch in so einem guten Zustand war. Allerdings war die Einrichtung mehr als dürftig. Einen Tisch und einen Stuhl hatte ich ja schon durch die demolierte Tür entdeckt. Der Kamin in der linken Ecke wirkte allerdings sehr romantisch und ich sah mich schon gemütlich vor dem Feuer sitzen. In der rechten Ecke stand ein Holzgestell, das bestimmt ein Bett darstellen sollte. Sonst gab es nichts weiter, abgesehen von Schmutz, einigen Lumpen und Papierfetzen, die überall herumlagen. Ich hatte nun bestimmt nicht das Niveau eines Hotels erwartet, aber etwas mehr Möbel schon. Allerdings hatte ich so die Möglichkeit, mich nach meinem Geschmack einzurichten und es mir gemütlich zu machen. Aber eine Frage blieb erst mal ungeklärt. Wie und wo hatte der Erbauer dieser Wildnisnobelhütte gekocht? Im Sommer konnte man im Freien diese Tätigkeit verrichten, aber im Winter ging das wohl nicht. Oder doch? Auch Brot musste er doch gebacken haben? Diese Fragen sollten für immer ein Geheimnis bleiben, aber nun musste hier einiges verändert werden. Das wichtigste gab es nun, eine sichere Behausung, für die ich diesem unbekannten Erbauer sehr dankbar war.

Für heute sollte es reichen. Die Zeit war wie im Flug vergangen. Erst jetzt verspürte ich etwas Hunger. Ich verriegelte die Fenster und die Tür. Der Mechanismus funktionierte perfekt und alles war wieder so, wie ich es vorgefunden hatte. Bis auf den Schaden an der Tür, den ich provisorisch reparierte, war nun die Hütte wieder in ihrer vertrauten Ruhe. Wie eingewachsen in diese herrliche Natur, als wenn sie von Anbeginn der Zeit da war, nur dass ich ab jetzt auch dazu gehören sollte. Da stand ich nun, ein von den Menschen und ihrer so gerühmten zivilisierten Welt geflohener und enttäuschter, liebeskranker mit Selbstmordgedanken infizierter Nobody. War nun ein dem Ursprung näher gekommener, fast glücklicher Mensch in dieser mir neuen Welt. Ich sah auf diese Schöpfung, auf dieses Geschenk, breitete weit die Arme aus, ging auf die Knie und dankte dem Herrn für dieses augenblickliche Glücksgefühl, für diese Gnade. Langsam und mit feuchten Augen ging ich zurück zu meinem Lager. Ruckartig, wie versteinert, blieb ich stehen. Aus meinen einbalsamierten Gefühlen gerissen, sah ich auf ein Chaos. Irgendein Verbrecher hatte sich an meiner Habe zu schaffen gemacht. Ängstlich sah ich mich um, aber nichts war zu sehen. Das Feuer brannte noch etwas, instinktiv entfachte ich es zu einem Großbrand. Nun voller Wut, schmiss ich alles aufs Feuer, was ich an Vorrat gesammelt hatte. Erst jetzt erkannte ich das gesamte Ausmaß dieser Verwüstung. Mein Glücksgefühl war dahin. An Gnade dachte ich nun auch nicht mehr, nur mal wieder an meine riesengroße Blödheit. Als ich aufgebrochen war, hatte ich noch an die Möglichkeit gedacht, dass irgendwann ein Bär hier auftauchen konnte. Aber ich ging einfach los, ohne meine Habe zu schützen. Nur ein Bär konnte dieses Durcheinander fabriziert haben. Wie oft hatte ich in meinen Büchern gelesen, wie man seine Ausrüstung schützt und doch habe ich es nicht getan. Wie blöd muss man eigentlich sein, um so nachlässig und gedankenlos zu agieren! Jetzt musste ich an den „Blöden“ denken, den ich nur wenige Tage vor meiner Flucht gefragt hatte, warum er bei rot über die Straße gegangen war. Ein Auto hatte ihn gestreift und glücklicherweise nur leicht verletzt. Ich rief damals den Krankenwagen über mein Handy, der auch schnell zur Stelle war. Jedenfalls fragte ich ihn, warum er bei rot über die Straße gegangen war. Er zuckte nur mit den Schultern. Schön blöd, dachte ich damals. Heute denke ich das wieder, aber nur eben von mir. Wie schnell ist man mit dem Urteil über andere dabei und macht selbst die tollsten Fehler, eine allgemeine menschliche Schwäche, aber sehr verbreitet.

Verzweifelt fing ich an aufzuräumen. Mein frisch gebackenes Brot hatte diesem Gangster bestimmt geschmeckt. Glücklicherweise konnte er das Mehl nicht aus meiner Kraxe bekommen. Sie war zwar aufgerissen, aber der kleine Sack mit dem Mehl war unversehrt. Die Iso-Matte lag weit vom Schlafplatz entfernt. Sie war ebenfalls heil geblieben, aber der Schlafsack hatte es ihm wohl angetan. Er lag weit unten, fast am Ufer und war aufgerissen. Der Bär hatte wohl mit ihm gespielt und die Füllung lag weit verstreut. Was noch zu gebrauchen war, sammelte ich wieder ein, stopfte es in die aufgerissenen Löcher und wickelte alles fest zusammen. Nun war klar: ich musste sofort in die Hütte ziehen.

Die Bestandsaufnahme war schnell erledigt und die Ausrüstung genau so schnell verpackt. Ich wickelte etwas stabilen Strick um die Kraxe, damit sie nicht ganz auseinander ging. Beim Packen bemerkte ich mit Schrecken, dass eins der wichtigsten Utensilien fehlte, das hier noch nie Erwähnung fand. Eine stabile, wasserdichte Metallschachtel, die immer am Boden der Kraxe lag, dort nie entnommen wurde. Ich hatte sie auch noch nie wieder, seit ich aufgebrochen war, in den Händen gehabt. Es war eine Art Heiligtum. Diese Metallschachtel enthielt die alles entscheidenden Schätze. Diese sollten eigentlich die letzte Handlung in meinem verkorksten Leben in Gang setzen, wenn auf dem Weg durch die Wildnis kein Unfall und dergleichen meinem Leben ein Ende gesetzt hatte. So war es ja nun gekommen und die Blechschachtel war jetzt von Bedeutung. Allerdings war auf wundersame Weise mein Lebenswille wieder angewachsen, so dass

diese Schachtel nur noch eine Art Erinnerung war und symbolischen Charakter hatte. Aber darauf verzichten wollte ich nicht, zu wichtig war mir dieser Inhalt. Fast panisch fing ich an, nach ihr zu suchen. Der verfluchte Bär hatte sie doch nicht etwa einfach mitgenommen? Vielleicht noch zerbissen oder gar den Inhalt gefressen? Aber ich glaube, da hätte er eine böse Überraschung erlebt. Ich suchte überall. Die gesamte Lichtung ging ich ab. Dann durchforstete ich den Waldrand, aber im Dickicht des Waldes hätte ich sie nie gefunden. Ich war stocksauer auf dieses Mistvieh. Es hatte wohl keinen Sinn mehr, weiter zu suchen. Der Tag war weit vorangeschritten. Langsam wurde es dunkler und ich war müde. Morgen wollte ich die Suche fortsetzten, ich musste die Schachtel unbedingt wieder finden.
Der Appetit auf ein Abendbrot war mir vergangen, allerdings hatte ich auch fast nichts mehr für dieses Abendmahl. Das meiste meiner mir verbliebenen Lebensmittel war im Magen des Diebes gelandet. Auch die Teebeutel, die er bis auf drei Stück komplett verschlungen haben musste, ruhten nun in seinem Bauch. Hoffentlich breitete ihm das Papier samt Faden wenigstens etwas Bauchschmerzen. Die Maggiwürfel trafen wohl nicht seinen Geschmack. Einige fand ich wieder. Von den Beutelsuppen war nur noch das Foliepapier übrig geblieben. Es war fein säuberlich abgeleckt. Ich schnappte die ramponierte Kraxe und ging zur Hütte, zu meinem neuen Heim.

Nun dauerte das Öffnen der Tür nur einen Augenblick. Doch etwas stolz, als hätte ich es schon hundertmal gemacht, zog ich an dem Knauf. Der Balken ging nach oben und offen war die Tür. Da stand ich nun mit dem Wenigen, was mir geblieben war. Ich trat ein, warf

das Gewicht vom Rücken und setzte mich auf den Stuhl. Im gleichen Augenblick lag ich auf dem Rücken. Dieser Stuhl, der etwas einsam in der Hütte stand, so allein an dem großen Tisch, hatte wohl nur darauf gewartet, dass einer kam und sich auf ihn niederließ. Jetzt konnte er endlich zusammenbrechen, allein hatte er es noch nicht geschafft. Na prima, dachte ich und besah mir den Schaden. Da war wohl nichts mehr zu reparieren. Das Holz war total morsch und was eben noch wie ein Stuhl aussah, war nur noch ein Häufchen Brennholz. In dieser Hütte war bestimmt seit vielen Jahren kein Mensch gewesen.
Vorsichtig berührte ich den Tisch, der zwar sehr stabil aussah, aber das hatte ich von dem Stuhl auch gedacht. Vorsichtig ruckelte ich an der Platte, die aus Bohlen bestand und eine raue Oberfläche hatten. Der Tisch wackelte zwar etwas, blieb aber stehen. Irgendwie könnte ich ihn bestimmt reparieren. Das doch etwas eigenartig anmutende Bettgestell war mir überhaupt nicht geheuer. Es bestand nur aus einigen armdicken Ästen, vier Füßen und quer über die Längshölzer waren etwas dünnere Äste gelegt und mit Strick befestigt. Darauf konnte man sich bestimmt legen, aber nicht wirklich schlafen. Ein Polster darauf und es war doch ein Bett. Nun schmiss ich die Kraxe zum Test auf das Gestell, denn ein Absturz war genug an diesem Abend, aber es hielt dem Gewicht stand. Ich legte die große Plane vom Lean-To so zusammen, dass sie genau so groß wie die Liegefläche war. So ergab sie eine gute Unterlage. Darauf die Iso-Matte und zum Schluss der Schlafsack. Die Reparatur der aufgerissenen Stellen sollte an diesem Tag meine letzte Amtshandlung sein. Glücklicherweise hatte Meister Petz keine Verwendung für mein Nähzeug gehabt und so konnte ich den

Schaden gut beheben. Noch einmal ging ich zu dem kleinen Bach und füllte meine Wasserflasche, auch, um etwas Katzenwäsche zu betreiben. Mir reichte es für diesen Tag. Doch etwas vorsichtig legte ich mich auf dieses Gestell und mummelte mich in den Schlafsack. Die Tür hatte ich fest verschlossen, nur die Fensterklappen hatte ich nach oben geklemmt und die Scheiben eingesetzt. Seit langem lag ich nun zum Schlafen in einer Behausung. Direkt ungewohnt! Kein Feuer brannte, die Sterne waren nicht zu sehen, aber irgendwie fühlte ich mich geborgen und sicher. Damit hatte ich wirklich nicht mehr gerechnet. Mit diesen Gedanken schlief ich ein.
Genau so schnell wachte ich wieder auf. Im Bereich meines verlängerten Rücken waren doch einige dieser etwas dünnen und wohl auch morschen Äste gebrochen und mein Hinterteil hing wie ein Sack nach unten. Ich hatte einige Mühe, mich aus dieser Lage zu befreien, denn ich war richtig eingeklemmt. Beim Hochstemmen brach auch der eine Längsbalken und ich fiel auf den Boden. Was eben noch unter mir war, stand nun über mir. Die Bettruine war wie der Stuhl nur noch als Brennholz zu gebrauchen. Also baute ich meine Schlafstelle wie gewohnt auf dem Boden und hoffte nun ganz stark, dass dies die letzte Pleite am heutigen Tag war. Allerdings hatte ich die Hütte gefunden und das wog alle Pannen wieder auf.

Am anderen Morgen erwachte ich vor Hunger. Ja, ich hatte richtigen Hunger. Ich fluchte über den Bären, aber das half auch nichts. Ich hatte noch zwei Büchsen Wurst, ein paar Maggiwürfel und das Mehl, das war alles. Nein, eigentlich hatte ich mehr, ich hatte alles, was man nur braucht. Draußen in dieser Urwüchsigkeit war der Tisch reich gedeckt, aber nur für die Menschen mit der nötigen

Ahnung und die hatte ich nicht. Diese Natur war großzügig und sogar verschwenderisch. Damals, in meinen Kindertagen, als ich mit meinen Großeltern den ganzen Sommer im Garten wohnte, zeigte mir Mutter Natur diese Großzügigkeit. Die Äpfel von einem Baum konnten tausend neue Bäume ergeben, die Körner einer Ähre ein Dutzend neuer Ähren, eine Kartoffel viele neue Kartoffeln. Alles wuchert, erstarrt im Winter, um im Frühjahr erneut zu erblühen, um wieder im Überfluss zur Verfügung zu stehen. Aber wir, die intelligente und zivilisierte Krönung der Schöpfung, wehe, wir kommen in eine ausweglose Situation. Dann ist es vorbei mit der Überheblichkeit. Wie klein, unbeholfen und verblödet steht man da, ein Niemand im großen, weiten Feld der Schöpfung. Mich braucht die Natur nicht, aber jetzt brauchte ich sie und wusste nichts mit ihr anzufangen.

Die Errungenschaften menschlicher Erfindungsgabe und Kreativität, also dieses so unkomplizierte und bequeme Leben in der Menschengesellschaft, hatte natürlich ihre wundervollen Annehmlichkeiten und das war auch gut so. Aber auch bei aller Bequemlichkeit und ständiger und sehr spannender Forschung auf allen Gebieten war ich nun der Meinung, dass sich die Menschheit zu einseitig entwickelt und zu sehr von allem Natürlichen entfremdet oder besser schon entfremdet hat. Es entsteht doch schon eine mittlere Katastrophe, wenn der Strom ausfällt. Auch, wenn es nur für einen kurzen Zeitraum ist, wächst trotzdem schon Panik. Kein Computer geht, die Tiefkühltruhe taut ab und der Vorrat verdirbt. Ein Vorrat, der eigentlich gar nicht notwendig ist bei diesem Überangebot. Aber auch, wenn drei, vier freie Tage hintereinander anstehen und die Supermärkte geschlossen haben, wird eingekauft, als wenn eine Hungersnot vor der Tür stünde.

Was würde wohl passieren, wenn vor der verwöhnten und in ständiger Angst lebenden, verweichlichten und bequemen Masse ein richtiges Problem steht, so wie jetzt bei mir? Aus diesen so friedlichen und gebildeten Mitmenschen würden Bestien. Panisch würden sie durchdrehen. Beraubt jeglicher natürlichen Kreativität gingen sie zu Grunde, weil sie ausschließlich zu Konsumenten gemacht wurden, zu dressierten und gedankenlosen Puzzelteilchen, die von denen, die das Gesamtbild bestimmen, immer an ihren Platz gedrückt werden. Alle vier Jahre dürfen dann die Puzzelteilchen von ihrem demokratischen Recht Gebrauch machen und wählen, um dann zwischen diesen Wahlperioden festzustellen, dass doch alles ganz anders ist als versprochen. Die logische Konsequenz ist und ihr demokratisches Recht erlaubt es ihnen, zur nächsten Wahl eine andere Partei zu wählen, weil diese ihre Lügen besser, glaubhafter und so richtig überzeugend an den Mann und die Frau bringen kann. Nur, um nach einigen Monaten wieder zu merken, dass auch hier bestimmte Dinge nicht verwirklicht werden können, aus ganz sachlichen und es muss doch jeder verstehen, objektiven Gründen. Nun, in vier Jahren ist die nächste Wahl. Da bekommen wieder die anderen das Vertrauen und der Betrug beginnt von Neuen. So gelingt es immer, dass einige wenige ihr schon reichlich zur Verfügung stehendes Geld wieder vermehren können, um dieses für noch mehr Machtausübung zu missbrauchen. Die gewählten „Volksvertreter" funktionieren prima, so wie auch die durch gesellschaftlich geplante Verblödung entstandene Masse brav der Tick-Tock Gesellschaft dient. Und man kann sich auf sie verlassen, denn bald ist wieder Wahl.

Der knurrende Magen riss mich aus meinen Gedanken. Einmal mehr war ich überrascht, mit welcher Klarheit mir auch meine Vergangenheit deutlich wurde, wie ich doch nun in dieser Situation und mit dem großen Abstand diese dressierte und manipulierte Gesellschaft sah. Mit diesen erbärmlichen Gedanken konnte man schon den Glauben an die Menschheit verlieren und es war nur ein kleiner Auszug menschlicher Trägheit. Eigentlich hatte ich überhaupt kein Recht, in dieser Form so über die Menschen herzuziehen. War ich nicht lange genug auch einer dieser gedankenlosen Kunden oder Klienten, Patienten, Konsumenten, Wähler, Schuldner, Arbeitnehmer oder Geber und was nicht noch alles?

Meine jetzt entstandene fast ausweglose Situation, mein nun richtig spürbarer Hunger, alles das und vor allem der Gedanke an den Grund meiner Flucht zum Ort meines geplanten Ablebens würden nun eine gute Zeit zum Sterben bieten. Meine Vorräte waren aufgebraucht. Der Hunger war da und würde immer stärker werden, mich bald zum Wahnsinn treiben. Irgendwann würde ich zu schwach sein, die notwendigen Handlungen auszuführen. Dann würde ich vor Schwäche elendig zu Grunde gehen. Aber zum Sterben brauchte ich unbedingt diese Blechschachtel. Ich hatte vorsichtshalber doch etwas vorgesorgt, falls die Qualen zu groß würden und ich auf eine erbärmliche Weise zu Tode kommen sollte. Diese Schachtel, ständig in den vergangenen Wochen aus den Gedanken verdrängt, fehlte mir nun. Ich bekam Angst, so jämmerlich zu Grunde zu gehen und es erfasste mich doch wieder die Panik. Wieder füllte ich meinen leeren Magen mit Wasser, schnappte meine Angel und versuchte erneut mein Glück. Wobei der Begriff „Angel“ sehr übertrieben war, denn sie bestand nur aus einem langer dünnen Stock, mit einer zirka fünf Meter langen Angelsehne, einem geschnitzten Schwimmer und einen Meter darunter hing der Haken. Eigentlich wollte ich gleich zurück, um in der Hütte Ordnung zu machen. Aber der Tag war wieder mal paradiesisch. Die Sonne stand über den Bergen und die weißen Spitzen funkelten wie mit Diamanten besetzt. Licht und Schatten wechselten im prachtvollen Farbenspiel, das unterhalb der schneebedeckten Gipfel die nackten Felsen malerisch erleuchten ließ, um dann in einem tiefen Schwarz des Waldes überzugehen. Rasiermesserscharf war die Trennlinie zum See, in dem das wunderbarste Blau des Himmels versank. Ganz plötzlich erfasste sie mich wieder, diese Ruhe. Mir war unheimlich zumute, eben noch Todesangst und von einem Augenblick zum anderen wieder diese fast romantisch Stimmung. So eine Ahnung, als ob da jemand zu mir spricht. Nicht mit Worten, sondern eher wie eine Berührung meiner Seele, die aber deutlich ein Gespür der Gelassenheit in mir erzeugte und mir wieder auf eine wundersame Weise die Angst nahm. Diese spontanen Wandlungen von sterben wollen und wenige Augenblicke danach wieder Hoffnung, dieses Auf und Ab wie in einer Achterbahn sitzend erzeugte ein Gefühl wie in einem Wunderland angekommen zu sein. Hatte denn wirklich diese grandiose Schöpfung Zauberkräfte? Ich brauchte keine Planung, hatte keine Eile oder eine Norm zu erfüllen. In diesem Augenblick wusste ich gar nichts mehr. Ich spürte sogar Sicherheit, so, als gehörte ich hierher, gehörte einfach dazu. Mir war, als würde ich mit dieser Natur verschmelzen, würde ein Teil von ihr. Sie holte mich wohl wieder zurück, in dem Ursprung allen Seins. So fühlten wohl auch die Naturvölker. Sie betrachteten die Erde als ihre Mutter und entnahmen ihr nur, was unbedingt notwendig war. Dabei setzten sie sich nie über sie hinweg oder zerstörten sie sogar, des schnöden Mammons Willen, so wie wir „zivilisierten" Übermenschen. Das „Wir" stimmte ab nun nicht mehr. Ich war zurückgekehrt in den Schoß der Schöpfung. Hier brauchte ich keine Angst, keinen Neid oder krankhaften Ergeiz mehr zu entwickeln. Macht und Erniedrigung, Ausbeutung und Geldgeilheit, Karriere und Ansehen, Größenwahn und ständige Befriedigung des Ego, alles das war hier total überflüssig und sinnlos. So deutlich war dieses herrliche Gefühl in mir aufgestiegen, ein Vertrauen, das ich in meinem bisherigen Leben so nie gekannt hatte. Damals hatte ich alles, bloß kein Vertrauen. Nun habe ich nichts mehr, nur noch Vertrauen. Oder hatte ich jetzt alles?

Ich wusste, dass die Natur den Überfluss für mich bereit hielt, ich musste es nur erkennen oder eben lernen. Was brauchte ich mehr? Ich hatte ein Haus, das sicher war und trocken und bestimmt auch warm, wenn es mir gelang, den Kamin in Schwung zu bringen. Dort konnte ich auch irgendwie Brot backen und andere Speisen zubereiten. Wenn ich wüsste wie, könnte ich jagen gehen, die Felle zu Kleidung verarbeiten, Beeren und Wurzeln, Pilze und Kräuter sammeln. Geangelt hatte ich ja schon, sogar mit Erfolg. Hier gab es alles, was man zum Leben brauchte. Bei diesen Gedanken meldet sich mein Magen und riss mich wieder aus meinen Gedanken. Ja, ich hatte jetzt alles, allerdings auch Hunger und so hoffte ich nun schnell auf einen Fang. Aber der ließ an diesem Morgen

auf sich warten. Also beschloss ich, zur Hütte zu gehen, erneut einen Teig anzusetzen und aufzuräumen.
Mein Blick streifte über den See. Wieder sah ich den Elch an der gleichen Stelle wie gestern. Neidisch sah ich zu, wie er sich seinen Bauch voll schlug. Er wusste Bescheid, wie man satt wird. Wie am Vortag stand ich regungslos und beobachtete ihn. Hier war er zu Hause, fand sein Futter, verspeiste friedlich die Algen am seichten Ufer.
Gerade wollte ich mich davonschleichen, als genau an der Stelle, an der eben noch der Elch friedlich gefressen hatte, ein Kampf tobte. Das Wasser spritzte hoch auf. Im ersten Moment sah ich nur ein Knäuel brauner Masse. Ein Bär hatte den Elch hinterrücks angegriffen. Wie versteinert stand ich da und konnte nur zusehen, wie der riesenhafte Angreifer sein Opfer zu Boden drückte. Der Elch kämpfte um sein Leben. Aber er konnte nicht viel dagegen setzen. Bestimmt war er in die Jahre gekommen. Ansonsten hätte es der Bär vermutlich nicht gewagt, denn ein ausgewachsener Elchbulle ist auch nicht ungefährlich. Allerdings war alles schnell entschieden. Schon nach kurzer Zeit lag der Elch nur noch zuckend im flachen Wasser, das sich an der Stelle des Grauens rot gefärbt hatte. Nun stand der Bär auf dem toten Körper des Elches und ich konnte seine ganze Größe wahrnehmen. Es war ein mächtiger Geselle, der sich gierig an dem Fleischberg zu schaffen machte. Meine erhöhte Pulsfrequenz nahm ich erst jetzt wahr und ich begriff, wie schnell Idylle und Ruhe gestört werden können. Aber auch eine solche Situation gehörte dazu.
Nun war der Elch tot und ich lebte immer noch, wurde aber so wieder daran erinnert, wie schnell sich das Blatt wenden konnte. Ein Festmahl lag vor diesem imposanten

Tier, das bestimmt auch mir gefährlich werden konnte. Aber jetzt war er beschäftigt und hatte bestimmt keinen Appetit auf mich. In diesem Augenblick beschlich mich ein merkwürdiger Verdacht. Ob das der Strolch war, der mein Lager verwüstet hatte? Im Vergleich zu dieser Mahlzeit war die Ausbeute bei mir bestimmt nur etwas für seinen holen Zahn gewesen. Ein leichtes Gefühl des Zorns stieg bei diesem Gedanken in mir auf. Er hatte mir meine Nahrung geklaut, mich in eine bedrohliche Situation gebracht. Allerdings hatte ich ihm den Diebstahl sehr leicht gemacht, ihn fast dazu eingeladen und somit lag wohl die Schuld mehr bei mir. Trotzdem waren wir nun Konkurrenten, genau gesagt Nahrungskonkurrenten. Also schon hier, im Ursprung allen Seins, lag die Wiege der Konkurrenz. Ich wagte nicht, meinen Logenplatz zu verlassen. Noch eine ganze Weile riss der Bär große Stücke Fleisch aus dem Kadaver. Dann ließ er ab, hob seinen Kopf, prüfte mit der Nase die Umgebung, schnaufte richtig durch. Schließlich entschloss er sich zum Rückzug und verschwand. Etwa fünfzig Meter Wasser hatten uns getrennt. Er konnte mich nicht wittern, der Wind stand günstig und sehen konnte er mich auch nicht. Regungslos verharrte ich hinter einem Strauch. Ich glaube, diese Bären können auch besser riechen als sehen. Ich hörte und sah ihn nicht mehr. Er war voll gefressen und suchte bestimmt ein Plätzchen für ein Nickerchen. Irgendwann würde er wiederkommen, denn diese Mahlzeit war selbst für so einen stattlichen Burschen zu groß. Ich musste also auf der Hut sein. Immerhin kannte er auch meinen Platz und die Neugier würde ihn bald mal wieder auf eine Inspektion in mein Revier treiben. Da fiel mir meine Blechschachtel wieder ein und ich begann meine Suche von neuem. Aber so sehr ich mich auch bemühte, ich fand sie nicht. Jeden Meter der Lichtung, den Waldrand, alles hatte ich abgesucht. Sie blieb verschwunden.

Es war wohl so um die Mittagszeit, als ich zur Hütte zurückkehrte. Ich setzte den Teig an und mir wurde klar, dass das verbliebene Mehl nur noch für ein Brot reichen könnte, wenn dieses hier verzehrt war. Aber soweit war es noch nicht und ich wollte jetzt nicht darüber nachdenken. Die Zeit würde kommen, die ein Überdenken notwendig machte. Nun begann das Aufräumen in der Hütte. Ich sammelte die Vielzahl von Papier auf, das wie gesät am Boden lag. Nur einige waren beschrieben, die meisten leicht vergilbt, aber noch zu gebrauchen. Es mussten hunderte sein. Vielleicht hatte der Eigentümer ein Tagebuch geschrieben und diese leeren Blätter nicht wieder mit zurück transportiert. Jedenfalls war diese Arbeit schnell erledigt. Es gab ja nur noch den Tisch, der doch noch sehr stabil in der Mitte des Raumes stand und den Rest vom Stuhl und Bett, das nun als Brennholz vor dem Kamin lag. Diesen wollte ich unbedingt in Gang setzen. Das war mit dem trockenen Holz der Möbelüberreste wirklich keine Kunst. Schnell brannte das Feuer und schon stand ich im dicken Qualm. Irgendwie zog der Rauch nicht ab und ich wurde geräuchert. Leider konnte ich mich so nicht haltbar machen, ich brauchte Essen und Trinken. Nicht irgend etwas zu essen, es musste auch noch das Richtige sein, zumindest etwas, um meinen Körper und somit meinen Geist gesund zu halten und ihn mit allem versorgte, um ordnungsgemäß zu funktionieren. Diese Gedanken schossen mir durch den Kopf, während ich schnell nach draußen lief. Dort bemerkte ich, dass der Qualm nur sehr spärlich aus dem

Schornstein kam. Also war eine Kletterpartie auf das Dach notwendig. Schon beim ersten Rundgang um das Haus war mir ein kleiner Baumstamm aufgefallen, der etwas über das Dach ragte. Ich konnte das nicht einordnen, aber nun war es mir klar. Es war eine Leiter, denn am Stamm waren die Äste so bearbeitet, dass ein Klettern möglich wurde. Dieser Baumstamm musste nur stabil genug stehen, dann war ein Aufsteigen so einfach wie auf einer richtigen Leiter. Erneut wurde mir die Genialität des Baumeisters deutlich und ich begriff, dass er wohl öfter auf das Dach musste. Als ich mich vorsichtig dem Schornstein näherte, wusste ich auch, warum. Er hatte den abziehenden Rauch zum Räuchern benutzt, indem er um den Schornstein einen Räucherofen gebaut hatte, den er bei Bedarf so verschloss, dass die zu räuchernde Ware ihrer Bestimmung zugeführt werden konnte und wenn nicht, blieb die obere Klappe offen. Allerdings konnte selbst beim Räuchervorgang der Qualm noch so abziehen, dass in der Hütte die Luft sauber blieb. Nur jetzt war diese wiederum geniale Erfindung zusammengebrochen, so dass der Rauch in der Hütte blieb. Aber schnell war der Schaden behoben und der Kamin funktionierte so, wie er sollte. Augenblicklich entstand eine wohlige, fast schon romantische Atmosphäre und ich sah mich schon faul vor dem Feuer liegen. Meine Phantasie verzauberte den Raum in ein gemütliches Wohnzimmer. Es könnte nun alles so schön sein. Meine Gedanken an das leibliche Wohl und damit auch an das Überleben wanderten erneut durch meinen Kopf. Ich wusste genau, dass ich nicht nur etwas zu essen brauchte. Ich musste mich mit der richtigen Nahrung versorgen. Mangelerscheinungen in der Ernährung hätten auch zur Folge, dass Gevatter

Tod sich schleichend nähern könnte, um letztlich doch den Sieg davon zu tragen. Ursprünglich war es ja auch so geplant. Aber nun war doch alles wieder mal anders geworden und ich fand mehr und mehr Gefallen an dieser Situation. Allerdings wusste ich auch, dass irgendwann der Winter vor der Tür stand. Sollte ich bis dahin nicht ausreichend Nahrungsvorrat finden und bevorraten können, würde dieses neue interessante Leben schnell wieder umschlagen und mein ursprünglicher Wunsch, hier zu sterben, doch Erfüllung finden.
Das Feuer war schnell herunter gebrannt und meine Gedanken waren wieder im Hier und Jetzt. Da ich nun dieses wunderbare Geschenk in Form dieser Behausung erhalten hatte, konnte ich mich voll der Nahrungssuche widmen. Auch meine Einrichtung musste ergänzt werden. Ich musste mir einen Stuhl bauen und ein neues Bett herrichten. Außerdem hatte ich vor meinem geistigen Auge ein Regal gesehen, das gleich neben dem Tisch, den ich unter das Fenster gegenüber dem Kamin gestellt hatte, nebenan an der Giebelwand stehen sollte. Dort wollte ich meine Utensilien abstellen, das Papier in Reichweite haben und das Licht konnte so den Tisch erhellen. Im Rücken den Kamin, gegenüber der Eingangstür das Bett, so war ein gemütliches Wohnen gesichert. Ich hatte alle Hände voll zu tun. Allerdings mussten Prioritäten gesetzt werden. Brennholz bevorraten war auch sehr wichtig. Auch wollte ich die Spuren der Arbeit hinter der Hütte auskundschaften, die nähere Umgebung ebenfalls erkunden. Aber Nahrung und Brennholz waren wohl die wichtigsten Arbeiten zu Beginn meines nun neuen Lebens. Deshalb ging ich los und kontrollierte meine Angel. Vorsichtig, fast schleichend, ging ich zum Ufer, immer

fluchtbereit, falls Meister Petz auftauchen sollte. Welch Glück mir die Hütte beschert hatte! Ich konnte nicht dankbar genug sein, wem auch immer. Nach den Erlebnissen der letzten Stunden hätte ich wohl keine Nacht mehr im Freien ruhig geschlafen. Vermutlich hätte ich mir eine Schlafstelle in einem Baum gesucht.

Nun zogen dunkle Wolken von Westen heran und es sah mächtig nach Regen aus. Ich drehte mich zu meinem neuen Zuhause um und lächelte ihm zu. Mir kam oft der Begriff „Schöpfung“ in den Sinn, also musste es auch einen Schöpfer geben. Nichts kann von nichts kommen, also bedankte ich mich bei ihm. Jetzt fing ich sogar an, Gott mit einzubeziehen, sprach mit ihm. Ich war doch atheistisch erzogen worden. Was macht nur diese Einsamkeit, diese nicht zu beschreibende Schönheit dieser Natur, aus mir! Nun ja, wenn es auch vermutlich nichts hilft, mich beim Schöpfer zu bedanken, schaden tut es auf keinen Fall, auch bin ich nicht so allein. Das Petriglück ließ mich nicht im Stich. Wieder war ein Hecht am Haken und hatte wohl schon eine Weile um seine Freiheit gerungen, denn die Gegenwehr war nicht mehr all zu groß. Nun hatte ich wieder einen Grund, mich zu bedanken und tat es sehr ausführlich. Erneut legte ich die Angel aus und mein Blick ging hinüber zum traurigem Anblick des aufgerissenen Elches. Der Bär schien noch nicht wieder da gewesen zu sein. Alles lag im wahrsten Sinne des Wortes in einer Totenstille. Solches Elchfleisch soll ja auch schmecken, dachte ich so bei mir. Aber es war Eigentum des Bären. Bestimmt wäre er nicht einverstanden gewesen, mit mir zu teilen. Allerdings hatte er auch bei mir geklaut und die Gesetze der Natur sind anders als die der Menschen. Eine sehr waghalsige Idee schoss mir durch den Kopf, die ich allerdings schnell wieder verwarf. Langsam, ja wirklich langsam, denn es gab keinen Grund mehr, schnell zu gehen, schlenderte ich zu meiner Behausung zurück. Nein, es war nicht meine, ich hatte sie mir nur angeeignet. Vorsichtig, um nicht den nächsten Schaden zu verursachen, krabbelte ich erneut auf allen Vieren auf das Dach, um den Räucherofen wieder aufzubauen. Ich war neugierig, wie er funktionieren würde. Auf alle Fälle konnte man so einiges über einen längeren Zeitraum haltbar machen. Ich träumte von geräuchertem Fisch und Fleisch. In den letzten Minuten war der Himmel grau in grau geworden. Nichts mehr mit blauen Himmel und Sonne satt. Wieder einmal kam alles genau richtig. Ich saß sicher, trocken und warm, hatte einen Fisch gefangen und bereitete mir ein Festmahl am Kaminfeuer. Der Hecht brutzelte in der Pfanne. Ich bereitete mir eine Brühe und wenn das Brot schon fertig gewesen wäre, hätte ich ein komplettes Festmahl gehabt. Aber in Anbetracht meiner Hungerattacke war das, was ich hatte, ein wahrer Genuss.

Nun war ich eingezogen, wieder satt geworden und fühlte mich so richtig sauwohl. Der Tag ging schon wieder dem Ende entgegen. Noch einmal ging ich zum See. Es fing an zu regnen. Ich überließ die Angel sich selbst und nahm ein Bad, denn ich war auf dem kurzen Weg vom Regen nass geworden und nutzte diesen Zustand für meine Abendtoilette. Nackt, mit meinen Sachen unter dem Arm, ging ich schnell ins Trockene zurück. Es war empfindlich kühler geworden und ich fröstelte. Es roch nach Hefeteig, ich lag in meinem Adamskostüm vor dem Kamin und trank genüsslich ein paar Tassen Gänsewein. So bezeichnete meine Großmutter frisches klares Wasser, das hier wirklich immer ein Genuss war. Morgen wollte ich mir einen Stuhl bauen und ein neues Bettgestell. Draußen war der Regen in ein mächtiges Gewitter übergegangen. Ich überprüfte meinen Teigstarter, bis morgen musste er noch vor sich hin gähren. Glücklich, nun so geschützt vor diesem Unwetter und den wilden Tieren zu sein, schlüpfte ich in meinen Schlafsack und schlief zufrieden ein.

Der neue Tag begann trübe und nass und ich hatte keine Lust, geeignetes Holz für den Bau von Stuhl und Bett zu suchen. So konzentrierte ich mich in aller Ruhe auf das Backen meines Brotes. Vorsorglich hatte ich mir schon am Abend einen geeigneten Stein besorgt, den ich nun am Feuer platzierte, um darauf das Brot zu backen. Schnell war er heiß. Ich setzte dem Starter die nötige Menge Mehl zu und ließ ihn noch eine Weile in Ruhe. Das schlechte Wetter ließ mich noch einmal im Schlafsack verschwinden. Erneut grübelte ich über meine Situation nach, die sich zwar gewaltig verbessert hatte, aber es gab keineswegs einen Grund zur Sorglosigkeit. Nach einer Weile kontrollierte ich meinen Teig, formte ihn wieder, legte ihn auf den nun heißen Stein und stülpte die Pfanne darüber.

Da lag ich nun, das vorletzte Brot unter der Pfanne, im Vorratslager fünf Brühwürfel, die zwei Büchsen Wurst, die ich mich nicht traute zu öffnen und noch einmal Mehl für das letzte Brot. So weit, so gut, dachte ich. Wie nun weiter? Es stand in den Sternen, ob ich überleben sollte oder nicht. Was soll es, dachte ich, wenn es eben vorbei geht, dann ist es eben so. Nur die Blechschachtel fehlte mir nun wirklich. Der Bär konnte sie nicht gefressen haben, irgendwo musste sie liegen. Ich nahm mir vor, nachdem das Brot fertig war, noch einmal danach zu suchen. Nach zirka einer Stunde, ich konnte die Zeit natürlich nur schätzen, denn eine Uhr hatte ich nicht und eigentlich wusste ich auch nicht mehr, wie viele Tage ich schon im Urwald war, hob ich die Pfanne an und es war wiederum vollbracht. Ich legte das Brot zum Kühlen auf den Tisch, zog mich an, stülpte mein Regenumhang über und verschloss ordnungsgemäß die Tür. Mein Weg führte zur Angel. An ihr hing wieder ein Fisch, nur diesmal kein Hecht, sondern eben ein Fisch. Mir war er unbekannt. Es war egal, er würde bestimmt auch schmecken. Wieder fiel mein Blick hinüber zu dem toten Tier. Schade um das Fleisch, das da nun so vor sich hin gammelte!

Genau in diesem Augenblick war er wieder da. Der Bär trat aus dem Busch und beschnupperte sein Eigentum. Misstrauisch ging sein Blick über den See. Wie immer spürte er mit seiner Nase die Umgebung ab. Plötzlich richtete er sich auf, so als ob er mich bemerkt hätte. Blitzartig lag ich auf dem Bauch und presste mich fest auf den Boden. Ich wagte kaum zu atmen. Obwohl uns die fünfzig Meter Luftlinie trennten, lief mir ein Gänsehautschauer über den Rücken. Vorsichtig blickte ich über den See und sah, wie er gewaltige Stücke aus dem toten Tier riss und verschlang. Ich wagte mich nicht zu rühren und beobachtete ihn bei seinem Festschmaus doch etwas neidisch. Da lag ich nun im Regen und wartete, bis dieser Bursche mit seiner Mahlzeit fertig wurde. Wieder kam mir die Idee von gestern in den Sinn, mich bei ihm zu revanchieren. Ich wollte ihm ein Stück vom Fleisch klauen. Mein Entschluss stand fest. Wenn er satt war, ging er bestimmt wieder in den Busch, um zu dösen. Das musste ich ausnutzen, um mich an seiner Beute zu vergehen. Nun sah ich es fast sportlich und als eine Art Herausforderung. Es ging ums Überleben und um die Chance, einen Vorrat anzulegen. Er hatte sich etwas von mir geborgt. Nun war ich dran, so, wie es sich unter guten Nachbarn gehört. Aber bestimmt sah ich das nur so, denn sollte er mich bei diesem Diebstahl erwischen, war es aus mit der Nachbarschaft und ich würde seine nächste Mahlzeit werden. Ich wusste um die Gefahr. Aber ich wusste auch, dass es hier nur so ging, wenn man weiterleben wollte. Wie sehr vermisste ich nun zum ersten Mal ein Gewehr, das hätte alles vereinfacht und etwas sicherer gemacht. Allerdings war es notwendig, auf meinem Beutezug wenigstens das Beil dabei zu haben. So robbte ich, wie ich es vor vielen Jahren bei den Soldaten gelernt hatte, in Richtung Hütte. Dort angekommen, war ich komplett durchgeweicht. Aber ich war hoch motiviert, meinen Plan in die Tat umzusetzen. Also griff ich mir das Beil. Das Überlebensmesser hatte ich ohnehin immer am Mann, wenn ich die Hütte verließ. Es roch verführerisch nach dem frischen Brot und am liebsten hätte ich genüsslich rein gebissen. Aber nun war nicht die Zeit des Müßiggangs, sondern die Zeit eines Diebstahls. Erneut schlich ich mich an den Feind, aber er war verschwunden. Eine Weile wartete ich noch. Dann lief ich vorsichtig, in gebückter Haltung, am Ufer entlang, Richtung Tatort. Als ich dem toten Tier näher kam, spürte ich doch ein Unbehagen. Ich hatte Angst, nein, ich hatte große Angst. Für einen Moment hielt ich inne und lauschte konzentriert in den Busch. Nichts war zu hören. Ich hoffte, dass Meister Petz etwas weiter weg seinen Ruheplatz hatte. Wenn er vor mir gelegen hätte, ich wäre über ihn gestolpert. Da alles dicht bewachsen war, konnte ich nicht sehen, was am Waldboden lag.

So tastete ich mich sehr langsam und voller Spannung weiter, nun auch von innen durch Schweiß genässt. Da es an diesem Tag nicht so warm war, konnte es nur Angstschweiß sein. Das Geräusch des Regens kam mir unsagbar laut vor, so laut wie noch nie und plötzlich war da noch ein anderes Geräusch. Wie versteinert blieb ich am Boden hocken. Regungslos konzentrierte ich mich auf dieses unheimliche Rascheln. Ich spürte meine Halsschlagader im Takt zucken. Die Schlagzahl nahm zu. Irgendetwas kam in meine Richtung. Eigentlich wollte ich losrennen, aber ich war wie gelähmt. Da bemerkte ich, wie sich die Sträucher bewegten. Was es auch sein mochte, es war auf dem Weg zu mir. Nun sollte wohl doch mein letztes Stündchen anbrechen. Vielleicht noch fünf Meter trennten mich von dem Unbekannten. Jetzt war die letzte Gelegenheit zu türmen.

Gerade wollte ich aufspringen, da stand es vor mir: ein Stachelschwein, genau so erschrocken wie ich. Nur langsam löste sich meine Starre und ich glaubte auch, erst jetzt wieder zu atmen. Das alles schien dem Tier egal zu sein. Ein kurzer Blick und es wackelte weiter. Ich schloss die Augen und holte tief Luft. Nun merkte ich langsam wieder Leben in mir. Nach einem kurzen Augenblick der Erholung schlich ich weiter. Ich ging lieber am Ufer weiter, hier war es etwas übersichtlicher. Vorsichtig, kein Geräusch machend, balancierte ich über die Steine, die aus dem Wasser ragten, immer bereit zur Flucht. Käme der Bär jetzt auf mich zu, wollte ich ins Wasser springen. Vermutlich meine einzige Chance zu entkommen, denn durch das Dickicht zu flüchten, wäre vergebens, ich hätte keine Möglichkeit gehabt zu entkommen. Noch zehn Meter trennten mich von dem Elch - oder besser das, was noch davon übrig war. Vom Kopf ragte nur das mächtige Geweih aus dem Wasser. Der Bauch war nicht mehr vorhanden, bis zum Rücken hatte der Bär alles aufgerissen und vertilgt. Bei diesem Anblick war mein Appetit verflogen und ich spürte einen leichten Ekel aufkommen. Einen Augenblick dachte ich, einfach wieder abzuziehen. Es war ein schauriger Anblick für einen Großstädter. Schnell überwand ich die letzten Meter, dabei immer auf den Jäger lauernd. Mein Blick ging am Ufer entlang, da, wo die Sträucher niedergetrampelt waren und der Bär, aus dem Busch kommend, sein Opfer gerissen hatte. Nun versuchte ich, eine der noch unversehrten Hinterkeulen abzutrennen. Immer wieder drehte ich mich voller Anspannung und Angst um. Meister Petz wäre außer sich vor Wut, würde er mich jetzt erwischen. Mit aller Kraft und hektisch schnitt ich an der Keule herum. Aber viel tat sich nicht. Das hatte ich mir doch etwas leichter vorgestellt! Nur langsam arbeitete ich mich durch die Sehnen und Muskeln bis zum Knochen hin. Ich war in einer gewaltigen Anspannung. Das Adrenalin lähmte etwas die Angst und trieb mich weiter. Nun war ich am Knochen angelangt, nichts bewegte sich. Das Fleisch klaffte an der frischen Schnittstelle auseinander, aber der massive Knochen war unbezwingbar. Mit der Axt schlug ich kräftig zu, aber der Erfolg war fast null. Schon wollte ich aufgeben. Doch dann versuchte ich es etwas höher, die Keule dort abzutrennen, wo der Knochen etwas dünner war. Jetzt ging es besser. Nach einigen Hieben brach er endlich und ich konnte die Keule lösen. Schnell weg hier, dachte ich und wollte das Diebesgut auf meine Schulter werfen. Der erste Versuch misslang und der zweite endete im Wasser. Ich hatte das Gleichgewicht verloren und lag samt Keule im See.

Ich wollte nur noch weg vom Tatort, war total geschafft. Wie bei einem Kampf um Leben und Tod taumelte ich vor Erschöpfung, als ich versuchte, mein hart verdientes Futter aus dem Wasser zu hieven. Es gelang mir nicht mehr. Bis zur Wasseroberfläche bekam ich das gute Stück, aber nicht mehr hinaus. Ich fluchte voller Verzweiflung. Nun hatte ich es geschafft, diese Keule abzutrennen und musste sie zurücklassen. Nein, nach dieser Schinderei kam das nicht in Frage. Ich brauchte eine Lösung, um nicht diesen lebensverlängernden Raubzug zu verlieren. Da sah ich einige Meter von mir entfernt einen Baum im Wasser. Er musste da schon eine Weile liegen, denn die Rinde war bereits verschwunden, aber das Holz glücklicherweise noch sehr stabil. Ich schlug ein großes Stück aus dem Geäst und steckte einige armdicke Äste so dazwischen, dass sich alles fest verkeilte und eine Art Floß entstand. Dann nahm ich meine ganze Kraft zusammen und wuchtete die Keule auf diese etwas eigenartig anmutende Konstruktion. Bis zum Gürtel im Wasser stehend, versuchte ich nun, dieses Gefährt in tiefes Wasser zu ziehen. Das Fleisch lag zwischen dem Holz und schwamm. Schnell befestigte ich Messer und Beil am Gürtel. Ein letzter Blick zum Wald, aber nichts rührte sich. Nun wurde ich zum Außenbordmotor. Dieser Diebeszug hatte mir den Schweiß aus allen Poren getrieben und so war das kühle Nass nicht nur angenehm, sondern hatte gleichzeitig reinigende Wirkung, was auch wiederum höchste Zeit war.

Der Wasserweg war entschieden kürzer als der Fußmarsch. Mit einem Gefühl des Sieges und der Genug-

tuung schob ich meine Beute durch den See und kam gut voran. So dachte ich zumindest, denn ich hatte das Gefühl, dass das Ufer überhaupt nicht näher kam und langsam wurde es auch kalt. Zum Trinken war das Wasser immer angenehm frisch, aber für ein längeres Bad entschieden ungeeignet. Ich strampelte aus Leibes Kräften, denn meine Finger waren schon steif und meine Zähne fingen an zu klappern. Weiter, dachte ich, immer weiter. Jetzt ist es mein Fleisch und ich will es essen. Kein Gedanke an Aufgeben oder Sterben, ich wollte es schaffen. Völlig entkräftet taumelte ich ans Ufer, zerrte mit letzter Kraft dieses Gebilde aus Zweigen und Stämmen ins Trockene. Mitten drin, wie in einem Nest, lag mein Essen, friedlich, so, als müsste das alles so sein. Ich fiel auf die Knie, spürte nichts mehr, nur noch ein ekelhaftes Gefühl in der Magengegend. Im selben Moment fing ich an, mir die Seele aus dem Leib zu kotzen. Da mein Magen leer war, schmeckte ich den bitteren Geschmack des Gallensaftes, der sich mit aller Macht nach oben würgte. Ich kroch zum Ufer, um mir den Mund auszuspülen. Dabei tauchte ich das Gesicht ein paar Mal ins Wasser.
Da sah ich plötzlich etwas funkeln. Tatsächlich lag da gleich neben mir meine Metallschachtel, knapp unter der Wasseroberfläche. Ich hatte sie schon abgeschrieben. Wie froh war ich, sie wieder gefunden zu haben! Aber zunächst musste ich in die Wärme. Meine Beute ließ ich am Ufer zurück, denn meine Kräfte waren dahin. Kein Stück hätte ich diese Keule mehr bewegen können. Aber wenn ich sie hier zurückließ, war sie auch wieder anderen Räubern zugänglich. Der Gedanke, dass nach dieser Schinderei irgendein Nachbar sich nur noch an den gedeckten Tisch zu setzten brauchte, ließ mir keine Ruhe. Ich muss-

te zur Hütte und den kleinen Wagen holen, der hinter der Hütte stand. Damit würde ich es schaffen, die Keule zu transportieren. Schnell war ich zurück und wuchtete das gute Stück auf den Karren. Er war erstaunlicherweise noch gut in Schuss. Ich legte mir den Lederriemen um und zog mit Leibeskräften meinen sehr hart erkämpften, zukünftigen Braten zum Ort der Weiterverarbeitung. Doch nur ein Stück, dann riss der Riemen und ich landete wieder im Dreck. So schob ich mit letzten Kräften den alten Karren zur Hütte. Als die Keule in der Hütte war und ich am wärmenden Feuer lag, schlief ich sofort ein, nun wirklich am Ende meiner Kräfte, die Metallschachtel fest umschlungen. Kein Hunger, nicht einmal das frische Brot, kein Gedanke an irgendwas konnte es aufhalten. Ich schlief wie ein Toter.

Nun hatte ich für eine Weile genügend Fleisch zu essen. War es noch gut? Wie war das hier mit dem Verfallsdatum? In einem Supermarkt war das alles wesentlich einfacher. Hier gab es keinen Einkaufswagen. An diesem Ort musste man, um essen zu können, richtig arbeiten oder sogar kämpfen oder eben klauen. Aber ich brauchte kein Geld und musste mich demzufolge auch nicht ständig ärgern, dass wieder alles teurer geworden war. Man konnte es einfach nehmen, den Fisch aus dem Wasser, das Fleisch vom Elch, die Beeren von den Sträuchern oder die Pilze vom Boden. Ich hatte ein Stück aus der Keule geschnitten, es so wie Gulasch gewürfelt, auch in der Hoffnung, dass es schneller gar wurde. Nun kochte es schon eine ganze Weile vor sich hin. Ich konnte es kaum erwarten, denn der Hunger war groß. Schließlich schnitt ich mein Brot an und warf einen Brühwürfel in den Fleischtopf. Es war wirklich ein richtiges Festmahl und zum Abschluss trank ich wie immer ein paar Tassen frisches Wasser.

Stolz auf dieses Resultat, wieder satt geworden zu sein, räkelte ich mich vor dem Kamin. Das Wetter war wieder besser geworden und ich überlegte, wie es nun weitergehen sollte. In diesem Augenblick fiel mein Blick auf meine kleine Metallkiste. Sie hatte ich wirklich gut verpackt, so sollte der Inhalt, durch die Lagerung im See nicht zerstört worden sein. Eigentlich war sie mein größter Schatz und sehr wichtig für mein ursprüngliches Vorhaben. Aber nun hatte ich sogar Angst vor dem Inhalt und traute mich nicht, sie zu öffnen. Ich nahm sie zur Hand und legte sie sofort wieder ab, so, als wenn sie heiß wäre und ich mir die Finger verbrennen würde. Aber mein Blick hing an ihr fest. Ich stieß mit dem Fuß dagegen. Sie flog in die hinterste Ecke und da sollte sie liegen bleiben. Wichtig war nur, dass sie wieder da war.

Schon seit langem hatte ich aufgehört, die Tage zu zählen. Darin sah ich auch keinen Sinn mehr. Ich war nun hier, gefangen in dieser Wildnis und dieser Name hatte für mich ab nun eine andere Bedeutung. Von dieser Natur konnte ich mich nicht mehr als getrennt betrachten. Ich musste nun hier leben, mich anpassen oder sterben. Aber damit hatte ich ja keine Eile mehr. Somit gehörte ich einfach dazu, wurde zu einem Teil dieser ursprünglichen Pracht. Ich wusste, dass ich, um zu überleben, noch viel lernen musste und das ging hier meistens nur durch die Fehler, die immer wieder passierten. Kleine Fehler wurden mit kleinen Schmerzen bestraft, große mit großen Schmerzen und ganz große konnten das Leben kosten. Jede Aktion wollte gut überlegt sein. Jede Nachlässigkeit hatte Verluste zur Folge und Faulheit bedeutete Hunger,

Kälte und Tod. Eigentlich sollte Sommer sein, aber irgendwie waren die Nächte schon wieder kalt. Es musste so Ende Juli, Anfang August sein. Ich wusste, dass hier im Norden Kanadas der Sommer recht kurz war. Immerhin waren es Luftlinie nur so ungefähr fünfhundert Kilometer bis Alaska. Allein nur bei diesem Namen fröstelt einem schon. Obwohl auch in Alaska Sommer war und der kann sogar auch dort sehr warm werden, aber eben nur einige Wochen. August, dachte ich, ja, im August war ich geboren und vielleicht hatte ich heute Geburtstag. Also beschloss ich, heute zu feiern. Gut gegessen hatte ich, es fehlten nur Musik, ein paar Gäste und ein bisschen Alkohol. Meine Musik war der Wind. Ab und zu hörte ich den Gesang eines Vogels, dieses Paradies hatte seine eigene wunderbare Melodie. Abends kamen die Kojoten, auch mal ein paar Wölfe dazu. Meine Besucher waren Scharen von Mücken, die mich seit meinem Marsch ständig begleitet hatten und ohne mein Muskol, ein bewehrtes Abwehrmittel gegen diese Plagegeister, hätten sie mich wohl schon aufgefressen. Allerdings würde es auch bald zur Neige gehen. Es sollte ursprünglich ja auch nur bis zu meinem Ableben reichen, denn danach hätte ich es bestimmt nicht mehr gebraucht, also im längsten Fall nur für diesen Sommer. Ich hatte also Musik und Gäste, nur der Alkohol fehlte. Nein, er fehlte nicht. Fast widerwillig blickte ich zu meiner Blechschachtel, die ich in die Ecke geschossen hatte, fast so, als würde ich sie energisch von mir weisen, nichts mehr mit ihr zu tun haben wollte. Aber nun bekam sie doch wieder eine Bedeutung. Der Inhalt bestand aus einer Flasche Whisky und anderen Dingen, die mir das Ableben erleichtern und mich nicht vergessen lassen sollten, warum ich diese Flucht überhaupt unternommen hatte.

Sie war sehr stabil und wasserdicht verpackt. So groß wie ein Schuhkarton, hielt ich sie nervös in den Händen. Zögerlich, fast ängstlich, fing ich an, die schützende Hülle aus Folie zu entfernen. Dreifach hatte ich mit dieser Folie den Behälter aus Aluminium fest verklebt. Es dauerte eine Weile, bis ich alles ab hatte und dann war nur noch der Deckel zu öffnen. Wieder zögerte ich. Erst einmal legte ich alles ab und ging nach draußen, so, als wollte ich Abstand zu dieser Büchse schaffen, Mut tanken. Ich zweifelte. Sollte ich wirklich den Inhalt durchsehen? Ich war doch auf dem besten Weg der Genesung. Würde nicht wieder alles aufbrechen, die Wunden erneut schmerzen, dieses krampfhafte Gefühl, dieses Würgen im Körper und diese unerträgliche Traurigkeit unbarmherzig wieder losschlagen? Ich hatte Angst, war einfach nicht in der Lage, diesen Deckel zu entfernen. Langsam, ohne ersichtlichen Grund, ging ich in Richtung See. Meine Gedanken klammerten sich an die letzten Tage vor meiner Flucht. Schon allein der Anblick dieser Büchse und die Ahnung des Inhaltes ließen mich bereits wieder rückfällig werden. Was sollte erst passieren, wenn ich den Inhalt in den Händen hielt? Nein, nicht noch einmal dieser Schmerz, nie wieder Tränen wegen dieser Frau! Niemals wollte ich wieder zurückdenken an dieses qualvolle Leben. Ich hatte mit allem abgeschlossen. Keiner wusste, wo ich war. Für meine Familie war ich nur noch Ballast, lag ihnen ständig auf der Tasche. Wir helfen dir doch gern, erwähnten sie immer wieder. Aber diese Erniedrigung war für mich unerträglich geworden. Ich merkte den schleichend anwachsenden Abstand, der mit der

Zeit immer größer wurde und mich von Mal zu Mal in meinem Entschluss bestärkte, endlich abzuhauen. Sie würden wohl alle schnell darüber hinwegkommen. Für mich war kein Platz mehr in dieser Welt, in der nur noch der sichtbare Erfolg zählte. Ich war ein Verlierer und bekam dies oft zu hören. Damals wusste ich noch nichts von der Kunst, das Leben auch anders zu sehen und zu gestalten, die wahren Werte in sich selber zu suchen, um so das Glück zu finden. Ich war nur noch niedergeschlagen und unversöhnlich enttäuscht.

Aber wieso hing ich nun wieder an diesem Leben? Ich war hier eingetaucht, um zu sterben, hatte mich aber an den Elch herangeschlichen und war vor diesem Stachelschwein zu Tode erschrocken. Warum bin ich überhaupt hingegangen und wenn schon, warum geschlichen? Warum bin ich nicht aufrecht gegangen, geradewegs hin zu dem Fleisch? Ich hatte Angst, dass der Bär mich erwischt und tötet. Das wäre auch geschehen, wenn er mich ertappt hätte. Ich wusste, es war ein ganz natürlicher Reflex. Einfach die natürliche Angst, die schon unsere Vorfahren in den Höhlen hatten, um zu überleben. Trotzdem verstand ich mich nun selbst nicht mehr. Was wollte ich nun, leben oder sterben? Ich wollte in diese Wildnis, ich wusste es immer und nur durch diese ganze Tragödie war es möglich geworden. Außerdem wollte ich heute meinen Geburtstag feiern.

Nein, ich wollte eigentlich gar nicht sterben. Dafür war ich seit meiner Flucht immer viel zu vorsichtig gewesen. Nun, als mir das klar war, konnte ich auch in meine so beängstigende Alubüchse gucken. Was sollte schon passieren? Ein paar Tränen würden rollen und danach bin ich vermutlich komplett geheilt. Mir war heute nach Whisky und ich wollte nun das Thema Anke und überhaupt alles aus meiner Vergangenheit ein für alle Mal beenden. Ich holte tief Luft und ging entschlossen zur Hütte zurück. Jetzt war ich hier, ein Einsiedler wollte ich nun werden. So oft hatte ich davon geträumt und nun lag alles in Gottes Hand.

Voller Mut öffnete ich die Schachtel. Darin lag noch einmal alles stoßsicher verpackt, vor allem die Flasche und ein Röhrchen mit starken Schlaftabletten. Die Hälfte davon hätte gereicht, mich in einen Schlaf zu schicken, aus dem ich nie wieder erwacht wäre. Und da war der Umschlag, der eigentliche Grund aller Ängste. Damals, als ich alles zusammenpackte, hatte ich mir vorgestellt: wenn ich dann mal so weit bin mit dem Sterben und mich der Tod nicht anders ereilt hätte, wollte ich mir alles noch einmal ansehen. Den Schmerz noch einmal so richtig hochtreiben, dabei langsam die Flasche leeren und dann unter dem Einfluss des Alkohols mit den letzten paar Schlucken die Tabletten nehmen. Ich wusste, dass ein Hungertod sehr grausam und eine mörderische Quälerei gewesen wäre. Doch glaubte ich immer, dass mich irgendwie der Tod vorher ereilt und ich gar nicht bis hierher komme und somit diese Maßnahme überflüssig würde. Dass ich mir nur immer was vorgemacht hatte, war mir damals nicht so bewusst wie heute. Das Röhrchen mit den Tabletten legte ich sofort beiseite, die brauchte ich nun nicht mehr. Ich öffnete die Whiskyflasche und nahm einen kräftigen Schluck.

Früher schüttelte ich mich immer nach dem ersten Schluck, aber nun war es ein Genuss und ich goss sofort einen nach. „Herzlichen Glückwunsch zum Geburtstag!“, rief ich laut und hielt die Flasche dabei in die Luft.

Ich saß gemütlich auf meinem Schlafsack, der Rücken an die Wand gelehnt. Das Feuer brannte im Kamin und ich setzte erneut die Flasche an. Es dauerte nicht sehr lange und die Wirkung blieb nicht aus. Mein Blick fiel auf den großen, dicken Umschlag. Übermütig, total selbstsicher nahm ich ihn zur Hand und holte den Inhalt heraus. Wieder zog ich gierig an der Flasche, brauchte wohl doch noch etwas Mut.
Und da sah ich sie. Ein Bild von Anke lag vor mir. Es war mir sofort aus der Hand gefallen, als mein Blick darauf fiel. Wie versteinert saß ich da und starrte in dieses Gesicht. Wieder ein kräftiger Schluck und noch einer. Es waren ruckartige, krampfartige Bewegungen, die mich nun den gesamten Stapel durchsehen ließ: Bilder, Briefe, Gedichte, die ich ihr geschrieben hatte, Notizen der schönsten Nachrichten von ihrem Handy. Ich hatte bereits die halbe Flasche gelehrt und jetzt passierte es doch. Beim Lesen und Betrachten der Bilder dieser wunderschönen Frau, dieser einmaligen Augen, dieser erotischen Figur, ihren schwärmerischen Worte über unsere Liebe verlor ich total die Beherrschung und heulte los. Aufgewühlt schmiss ich alles von mir, versuchte, nun schon angetrunken, es abzuschütteln, was mir aber nicht mehr gelang. Ich atmete schwer und versuchte, mich doch noch zu beherrschen. Aber aus Enttäuschung vor meiner erneuten Labilität schlug ich mit dem Kopf immer wieder gegen die Wand, an der ich lehnte. Noch einmal zwang ich mich zur Ruhe. Nun musste ich es endlich beenden, ein für alle Mal. Jetzt oder nie! Es war begonnen, nun musste ich es zu Ende führen. Entweder ich bekomme es jetzt in den Griff oder werde immer wieder in diesen Schmerz verfallen.

Mühsam versuchte ich, meine Bewegungen und Handlungen zu kontrollieren, wenn es auch schon sehr schwer fiel. Ich lallte vor mich hin und machte mir lautstark Mut. Wieder setzte ich die Flasche an, nahm ein Bild nach dem anderen, las erneut die Gedichte, Geburtstagskarten und Nachrichten.

Mit getrübten Blick und inzwischen fast besoffen las ich laut ein Gedicht. Oder besser lallte ich lautstark diese Zeilen:

„Für dich
Dies ist ein Gedicht, für dich, liebe Anke, die ich kaum kennen gelernt, doch lange in mir weiß, dass es dich gibt.
Ich sehe, dass du schön bist, dass du strahlst, mit deinen blauen Augen, deinem wildem Haar, deinem ganzen Sein und ich begreife, dass keiner das so von sich weiß, sondern ich es dir immer und immer wieder sagen möchte, weil man alles vergessen kann mit der Zeit, besonders das Schöne.
So schreibe ich dies für das Leben, für die Liebe, für dich, die mir immer wieder zeigt, wie schön es ist, weil du da bist!

Dieses Gedicht hatte ich ihr gleich zu Anfang unserer Liebe geschrieben. Sie tippte immer wieder zahlreiche Nachrichten in ihr Handy und schickte sie mir, mich erreichten täglich viele dieser Liebesgrüße. Sogar nachts, wenn sie mal erwachte, waren ihre Gedanken bei mir und ich wurde durch das Signal meines Handys munter, das für mich zu einer Glücksmelodie geworden war. Ich las und war überglücklich:

„Bin gerade aufgewacht vor Sehnsucht nach dir und deiner Liebe, ich würde dich jetzt gern verwöhnen, lieben und immer wieder lieben bis…“ Und gleich die nächste:

„Du bist einfach mein Liebling und das Beste, was mir passieren konnte, auch, wenn du mir immer noch nicht glaubst, ich liebe dich.“

Ich hielt inne. Der Schmerz, die Sehnsucht nach ihr waren nun kaum noch zu ertragen. Alles kam wieder hoch, lief ab, wie ein Film. Warum hatte ich nur die verfluchte Schachtel geöffnet? Einen kurzen Augenblick war ich bereit, alles den Flammen im Kamin zu übergeben. Aber eine innere von mir unabhängige Kraft verhinderte diese Tat. Mein zweites Gedicht an sie lag nun vor mir. Heulend wie ein alter Wolf las ich weiter:

„Dies ist ein neues Gedicht für dich, liebe Anke, die es zuließ, voller Mut aus vager Hoffnung Liebe werden zu lassen. Alte Ängste abschüttelnd, Raum für viel Gefühl schaffend, hast du in deine Liebe viel gelegt und Seelenheil erzeugt. Voller dir innewohnender Wünsche und Träume an eine glückliche Zukunft glaubend, hast du so viel gegeben und die Sonnenseite für uns geschaffen. Die Angst vor neuer Enttäuschung hast du mit der stärksten Kraft, der Liebe, besiegt. Meine Gedanken nur um dich schwebend, genieße ich jeden Tag, an dem wir zusammen sind. Mut, Kraft und Halt gebend, hat das Leben einen neuen Sinn erhalten. Du bist immer bei mir. Ich sehe deine Augen, deinen Mund, spüre deinen Körper, deine Lippen und sehne mich nach dir und ich weiß, wie sehr ich dich liebe. In tiefer Dankbarkeit werde ich bedingungslos unsere reine Liebe beschützen!“

Alle paar Sekunden wischte ich mir Tränen vom Gesicht und genau so oft nahm ich einen Schluck aus der Flasche. Immer wieder fiel mein Blick auf eines der Bilder, die nun alle vor mir lagen. Größer konnte diese Quälerei jetzt nicht mehr werden. Aber es war begonnen. Es gab keinen Abbruch dieser Folter, ich wollte und musste nun da durch.

Wie schön sie doch war und wie wunderbar ihre Berührungen mich immer wieder in eine andere Welt schweben ließen. Wie stark und schwach sie mich gemacht hatte. Anke war der Mittelpunkt meines Lebens geworden und der eigentliche Sinn all meiner Handlungen. Sie motivierte mich so stark, dass ich wieder zu allem bereit war. Zu all dem, was ich eigentlich nie wieder wollte. Alles, was ich im Leben schon einmal aufgebaut hatte, von dem ich aber nach meiner großen Lebenskrise nie wieder etwas wissen wollte. Ich wollte es noch einmal schaffen, wollte sie glücklich machen. Sie sollte auf nichts verzichten müssen. Ich liebte das Leben wieder, die Menschen und verspürte eine neue Sehnsucht, allem einen neuen Inhalt und Sinn zu geben. Meine Beziehungen zu meiner Familie, zu meinen Kindern und Freunden, alles entwickelte sich wieder zu einem wahren Lebensglück.
Nun schon verschwommen las ich weiter ihre Liebesnachrichten.
„Du bist einfach mein Schatz, ich denke an dich und wünsche dir einen schönen Tag. Freue mich auf heute Nachmittag, um mich in deine Arme zu legen“

Dann fiel mir eine Geburtstagskarte in die Hand, die ich von ihr bekommen hatte.

„Wie ein Sonnenstrahl wärmt dein Blick meine Seele und

mein Herz füllt sich mit einer unbeschreiblichen Freude. Ganz für mich denke ich, wie einzigartig rein dieses Gefühl der Liebe doch ist und bewegt vor Dankbarkeit, es zu besitzen, drücke ich dich an mich. Und ich weiß es ganz genau, keine anderen Worte können treffender beschreiben, was ich für dich empfinde: Ich liebe dich!"

Nun war die Flasche fast leer und ich total voll. Meine Umwelt nahm ich schon gar nicht mehr richtig wahr. Wie in einer anderen Welt lallte ich vor mich hin, zerfloss in Selbstmitleid, war am Ende. Nur verschwommen, konnte ich die Zeilen noch erkennen:

„Auf dass du einen schönen Tag hast, möchte ich dir sagen, dass ich dich über alles liebe und nie wieder gehen lasse!"

Nun reichte es! „Nie wieder gehen lasse", diese vier Worte kreisten mir im Kopf herum. „Ha!", schrie ich in die Luft und wieder sagte ich diese Worte „Nie wieder gehen lasse". „Warum hat sie es dann trotzdem getan!" Ich warf meinen Kopf hin und her. Meine Bewegungen waren bereits unkontrolliert. Ich schmiss alles um mich, die gesamten Blätter und Zettel, Bilder und Karten, alles flog durch die Hütte. Das letzte Blatt versuchte ich noch zu lesen. Ich schrie die Worte, so laut ich konnte. Es war der Abschiedsbrief, den ich ihr kurz vor meiner Abreise noch geschickt hatte:

„Wir sind so verschieden, wie zwei Menschen nur sein können, reden aneinander vorbei, meinten fast immer das Gleiche, aber verstanden uns nicht, trotzdem liebe ich dich!

Du hast oft meine Gefühle belächelt, hast vieles nicht geglaubt, manchmal geschwindelt, aber mein Leben drehte sich nur um dich, du hast mich oft verletzt, trotzdem liebe ich dich!

Du warst der Sinn, mein Ziel und mein Leben, ich wollte dich glücklich machen, alles geben, Verzicht war Freude für mich, du hast es ausgeschlagen, trotzdem liebe ich dich!

Der Kummer ist groß, doch Trost finde ich in der Gewissheit, dass du ohne mich glücklicher bist. Mit Tränen in den Augen nehme ich Abschied, du gehst zurück in dein Leben und ich weiß, so ist es besser für dich!

Du bist nicht mehr in meinem Leben und die größte Wunde meiner Seele ist geschlagen. Sie wird eine lange, schmerzliche Zeit brauchen, um zu verheilen. Zurück bleibt eine Narbe, die meine Seele entstellt und einmal weniger, einmal mehr schmerzen wird, aber spüren werde ich sie immer. Und nun werde glücklich, ich liebe dich!“

So weit ich mich an diese letzten Augenblicke überhaupt noch erinnern konnte, denn ich war nun, wie man so schön sagt, stockbesoffen, riss ich im Ansturm des nun übergroßen Schmerzes, den Halt total verlierend, mich wie in einem Wirbelsturm fühlend, den Deckel des Tablettenröhrchens ab. In diesem Wahn schluckte ich mit dem restlichen Whisky die gesamten Tabletten herunter. Alles drehte sich in rasanter Geschwindigkeit um mich herum. Ich lag auf dem Boden, inmitten dieser mir nun doch noch den Tod bringenden Erinnerungen. Alles schwirrte um meinen Kopf. Die Zettel und Bilder, die weit verstreut am Boden lagen. Der Kamin kam auf mich zugeflogen. Ich sah Anke um mich kreisen, grinsend rief sie: "Ich liebe dich nicht mehr…" Ich hörte die Stimme meines Bruders: „Komm wieder…" Ich sah meine geschiedene Frau mit meinen zwei Kindern um mich herum tanzen. Bilder aus meiner Kindheit tauchten auf. Lächelnd gab mir meine Mutter ein Stück Schokolade, meine Oma wischte mir den Mund ab. Ich fuhr mit meinem Bruder auf einem Karren viel zu schnell einen steilen Berg herunter. Dann stand ich vor meinem Vater. Er lag auf dem Sofa, die Zeitung in der Hand, sah mich streng an und rief mit lauter Stimme: „Das ist doch nur ein Betthäschen!" Ein übergroßes Gesicht von Anke war das letzte, an was ich mich noch erinnern konnte. Es schaukelte vor mir hin und her, bis es sich drehte, immer schneller, sich von mir weg bewegte, bis es immer kleiner wurde und im Nichts verschwand. Nun wurde alles schwarz. Einen Augenblick später sah ich mich unter mir auf dem Fußboden liegen, wie aus großer Höhe abgestürzt, regungslos da liegen, tot.

Dann sah ich ein krampfartiges Rucken durch diesen Körper gehen. Immer und immer wieder. Der Kopf klappte nach hinten und der Mund öffnete sich, so weit er nur konnte. Ein dicker Strahl Mageninhalt drängte nach oben und schwappte aus dem Rachen. Die Augen öffneten sich nur einen Spalt. Mehr als ein Nebel war nicht zu sehen. Es rauschte unerträglich laut und ein Presslufthammer versuchte, ein Loch in meinen Kopf zu schlagen. Ich spürte nur noch eine Feuchte unter meiner Wange, bevor wieder alles dunkel wurde.

Irgendwann kam ich zu mir und hatte das Gefühl, eine weite, eine sehr weite Reise gemacht zu haben. Benommen öffnete ich die Augen, spürte nichts und wusste nichts. Ich hatte keine Erinnerung. Mein Blick war getrübt, ich sah alles wie durch eine Milchglasscheibe. Auch eine Bewegung des Körpers war nicht möglich. So blieb ich liegen und entschwand von Neuem.

Als ich die Augen wieder öffnete, war es dunkel, ich sah nicht das Geringste. Immer noch lag ich wie erstarrt, konnte mich nicht bewegen. Als mir langsam bewusst wurde, was geschehen war, es aber so dunkel blieb, kein Feuer zu sehen und es kalt war, bekam ich einen riesigen Schreck. Nur einen sehr üblen Geruch nahm ich in der Finsternis wahr. Ich versuchte, meine Finger zu bewegen, was auch gelang. Ich tastete um mich, erspürte einige Zettel und Blätter. Die leere Flasche lag gleich neben meinem Kopf, so wie auch der noch vor einigen Stunden in meinem Magen gewesene Inhalt. Da ich immer noch nichts sehen konnte, beschlich mich der grausige Verdacht, blind zu sein. Aber wie sollte so etwas passieren? Es war doch nur Whisky und kein gepanschter Treibstoff. Ich zwang mich auf die Knie und tastete mich vorwärts. Dabei geriet ich mit der linken Hand in die Asche meines Kaminfeuers und zuckte sofort zurück. Heiß war es, sehr heiß, aber trotzdem ließ ich einen Freudenseufzer los. Ich hatte mir zwar die Hand verbrannt, aber unter der Asche konnte ich die Glut sehen. Meine Augen waren in Ordnung und ich erkannte, dass es Nacht war.

Kein Stern war am Himmel. Stockrabennacht war es. Ich fror, meine Hand war angekokelt, aber ich konnte sehen. Wie lange ich nun so auf dem Fußboden lag, konnte ich nicht mehr nachvollziehen. Da aber der Kamin aus und unter der Asche nur noch wenig Glut zu finden war, die sich Tage halten kann, glaubte ich schon, so den ge-

samten anderen Tag bis in die Nacht gelegen zu haben. Ich versuchte, das Feuer erneut zu entfachen, was auch schnell gelang. Jetzt brauchte ich etwas Licht und vor allem Wärme.
Nun sah ich das Chaos in der Hütte. Die Zettel und Bilder sammelte ich zusammen. Es fiel mir sehr schwer, aber ich verstaute sie, so schnell ich eben konnte, wieder in der Blechschachtel. Nie wieder wollte ich sie da herausholen, zog es nun sogar in Erwägung, alles zu verbrennen. Bevor ich das Wasser für die Reinigung benutzte, das vorsorglich in einem Eimer in der Ecke stand, trank ich wie ein Kamel, denn ich hatte einen Wahnsinns- Durst. Draußen war es empfindlich kühl. Aber es musste unbedingt frische Luft in den Raum. Ich war froh, nach den wenigen Minuten mit der Arbeit fertig zu sein. Noch immer fühlte ich mich schwach und müde. Außerdem war mir etwas übel. So kroch ich wieder in den Schlafsack, denn mehr konnte und wollte ich jetzt nicht tun. Das war wohl die eigenartigste und brutalste Geburtstagsfeier meines Lebens gewesen, dachte ich noch und war auch schon wieder eingeschlafen.

Als ich erwachte, war der Tag noch jung. Dünne Nebelschwaden zogen über den See. Es war wie Herbst und ich musste langsam einen Wintervorrat schaffen. Wie, wusste ich noch nicht. Aber wenn ich hier überleben wollte, brauche ich genügend Feuerholz, das stand hier überall herum. Aber genügend zu essen war weitaus komplizierter. Die Elchkeule musste dringend in den Rauch und ein Vorrat an Fisch, der ebenfalls geräuchert werden musste, ließ sich bestimmt auch bewerkstelligen. Aber ich brauchte eine ausgewogene Ernährung, damit keine Mangelerscheinungen auftraten. Noch war ich gesund.

Bis auf die schmerzhafte Brandblase an der Hand und starkes Brummen im Kopf waren Verletzung und Krankheit an mir vorbei gegangen. Normalerweise müsste ich nun in die nächste Ortschaft gehen und einkaufen. Salz, Zucker, Bohnen und Linsen, Tee, Mehl, Trockenhefe, vor allem ein Gewehr könnte ich wirklich sehr gut gebrauchen. Aber das war aus zweierlei Gründen nicht möglich. Bis zur nächsten Ortschaft waren es bestimmt einhundertachtzig bis zweihundert Kilometer. Einhundert Kilometer bis zur Straße durch den Busch und noch einmal einhundert Kilometer auf dieser Schotterstrasse bis zur nächsten Ortschaft. Selbst wenn ich bis dorthin kommen würde, ich hatte kein Geld mehr. Die letzten zwanzig Dollar hatte ich dem netten Indianer geschenkt, der mich in seinem Pick up bis an die Eintrittsstelle in den Urwald mitgenommen hatte. Nun war guter Rat teuer und nur meine Naivität, meine Ahnungslosigkeit ließen mich bei der Einbildung, es auch so zu schaffen. Meine mir innewohnende Kreativität, die mich noch nie verlassen hatte, ließ mich sorglos in die Zukunft schauen. So machte ich mir einen Einkaufszettel für diesen unerschöpflichen Supermarkt Urwald. Hier musste man nicht an der Kasse anstehen und brauchte kein Geld. Hier brauchte man nur Ahnung, die hatte ich leider nur begrenzt. Da half auch die beste, in der Menschengemeinschaft erworbene Kreativität nichts.

So stand auf meinem Zettel: Fleisch, Fisch, Beeren, Blätter für Tee, Tannennadel auch für Tee, Pilze, Kräuter und alles, was ich Essbares finden würde.

Ich hatte eine Kleinigkeit gegessen, etwas gebratenen Fisch, eine Scheibe Brot. Obwohl ich lange nichts zu mir genommen hatte, war mein Hunger kaum spürbar. Das lag wohl an der Feier mit dem Whisky. Dann sah ich das kaputte Röhrchen, in dem eigentlich die Schlaftabletten sein mussten. Nicht eine war mehr zu finden. Ich wusste, dass ich welche geschluckt hatte. Aber alle würde bedeuten, nicht mehr zu leben. Es konnte nur so sein: ich hatte wirklich alle runtergewürgt und nur der Umstand, dass ich kurz danach alles wieder herausgewürgt hatte, rettete mir wohl das Leben. So hätte mein Geburtstag auch mein Todestag sein können. Ich war also Gevatter Tod von der Schippe gesprungen.

Ich lauschte in mich hinein. Wie ging es mir nach diesem emotionalen Absturz, diesem aufgeputschtem Höllentrip? Hätte es besser klappen sollen mit dem Tod? Ich war doch schon eingeschlafen, hätte nichts mehr gemerkt, wäre eben nicht wieder aufgewacht. Was würde passieren, wenn ich erneut in die Schachtel sehen würde? Nun hatte ich keine Möglichkeit mehr, sanft aus diesem Leben zu gehen. War ich nun endgültig geheilt?

Ich sehnte mich danach, endlich imstande zu sein, diese Liebe mit einer Bedingungslosigkeit zu fühlen, die nicht aus Egoismus bestand, nicht aus dieser Eifersucht, sondern ganz einfach nur aus dem Wissen, dass die Geliebte glücklich ist. Eigentlich kann nur so wahre Liebe verstanden werden. Ich hatte vermutet, es fast schon geschafft zu haben. Aber der verhängnisvolle Blick in diese verfluchte Schachtel ließ alles wieder aufbrechen. Warum quälte ich mich? Anke war ohne mich glücklicher und da ich sie liebte, musste ihr Glück mir doch am Herzen liegen! Ich versuchte, es so zu verstehen und auch zu fühlen. Sollte ich noch einmal solch einen Schmerz empfinden, war ich immer noch krank, liebte ich sie nicht wirklich, sondern konnte es nicht ertragen, dass sie jetzt glücklicher war. Was soll das für eine Liebe sein, wenn man es nicht erträgt, dass der geliebte Mensch, ohne einem, glücklich ist? Immer wieder umkreisten mich diese Gedanken. Ich musste sie verinnerlichen, nicht nur logisch verstehen, es einfach schaffen, auch so zu fühlen. Diese Gedanken machten mich nicht glücklicher. Aber sie beruhigten mein Gemüt und ich konnte nun hoffentlich besser damit umgehen und, so hoffte ich, es irgendwann auch loslassen. Ich zwang mich immer wieder zu diesen Gedanken, wenn ich ab und zu in diese Vergangenheit abglitt. Es war eine Art Selbstschutz, um nie wieder solch einer Marter ausgesetzt zu sein.

Ich saß am Ufer. Mein Blick ging bei diesen Gedanken hinüber zu den Bergen und ich empfing die bezaubernde Kulisse, die vor mir lag und mich umgab.
Todeswille hatte mich hierher getrieben. Oder war es doch dieser mir unbewusste Psychotrick, dieser Wunsch, der seit Jahren in mir geschlummert hatte und nur so möglich wurde? Nun war es egal. Ich war hier und hatte alle Schranken zum alten Leben abgebrochen und diese unerfüllte Liebe hatte letztendlich den Ausschlag gegeben.

Am anderen Tag begann ich, mir einen Stuhl und eine neue Unterkonstruktion für das Bett zu bauen. Ich fing an, die Umgebung zu erkunden, Essbares zu suchen und Vorsorge für den langen Winter zu treffen. Außer Fisch, den ich immer reichlich zur Verfügung hatte, fand ich Pilze, Beeren, einige Wilderdbeerblätter für Tee. Tannennadeln standen mir ganzjährig zur Verfügung und sogar wilden Lauch hatte ich gefunden. Es gab bestimmt noch mehr, nur kannte ich nicht mehr. Mit Fleisch sah es sehr schlecht aus. Ab und zu sah ich einen Elch, auch mal ei-

nen Hasen oder Streifenhörnchen. Aber wie sollte ich die erwischen? Als ich einen Kaninchenbau entdeckte, versuchte ich es mit einer Schlinge und es gelang. Allerdings ging mir der Anblick des strangulierten Häschens unter die Haut. Aber die Situation erforderte in dieser Hinsicht etwas Gefühlskälte. Hier war nicht der Ort für Streicheltiere, hier war es nur ein Tier, es war Nahrung.
Irgendwann trieb mich die Neugier hinter die Behausung in diesen Eingang am Berg. Vorsichtig ging ich einige Meter hinein. Mir war klar, dass mein Vorgänger hier bestimmt keinen Abenteuerspielplatz eingerichtet hatte. Aber irgendwie kam es mir schon so vor. Für mich war es ein erneutes Abenteuer. Alles deutete darauf hin, dass der Unbekannte hier auf Goldsuche gewesen war. Wenn dieser Stollen ausgebeutet war, gab es nichts mehr zu finden. Denn keiner hätte diese Gegend verlassen, wenn noch etwas zu holen gewesen wäre. So erkundete ich den Stollen aus reiner Neugier. Es sah alles sehr baufällig aus und ich wagte mich nicht so weit hinein.
Wichtiger war jetzt auch, Brennholz zu machen. Ich schlug das Trockenholz, das reichlich vorhanden war. Erfrieren würde ich wohl nicht. Aber das Problem mit der Nahrung ließ mich schon etwas unruhig werden. Die geklaute Keule des Elches war gut durchgeräuchert. Ich hoffte, dass bei sparsamen Rationen Fleisch für einige Wochen zur Verfügung stand. Der Räucherofen auf dem Dach funktionierte nach einer Reparatur einwandfrei. Aber ich brauchte einen Vorrat für Monate. Ich wusste nicht, ob im Winter überhaupt die Möglichkeit bestand, irgend etwas zu fangen. Der See würde zufrieren, die Tiere verziehen sich irgendwohin und ich hätte nichts zu beißen. Also, das mit der Nahrung blieb ein

ernstes Problem. Dann kam ich auf die Idee, mir einen Bogen zu bauen. Einenganzen Tag bastelte ich an dieser Konstruktion. Ein Teil der Angelsehne musste herhalten und bald hatte ich einen stabilen Bogen gefertigt. Nun ging es an die Pfeile. Hier wurde ich richtig gefordert. Es war eine wirkliche Kunst, einen Pfeil zu bauen, der auch dahin flog, wo er hin sollte. Wieder vergingen Stunden, bis ich einige fertig hatte und nun begann das Training im Bogenschießen. Sehr skeptisch wurde ich nach den ersten Versuchen, denn alles, was weiter als fünf Meter entfernt war, erreichte sein Ziel nie. Nur gut, dass mich keiner sehen konnte. Hätte mich ein Indianer beobachtet, er hätte vermutlich Tränen gelacht. Manche Pfeile waren eher ein Bumerang. Sie kamen zwar nicht zurück, beschrieben aber eine akkurate Kurve und der eine oder andere blieb für immer verschwunden. Ich knobelte an der Technik und hatte dann eine zwar nicht geniale Qualität, aber die Pfeile flogen öfter in die Richtung, in die sie auch sollten.

Dann hatte ich meinen ersten Jagderfolg mit diesem selbstgebautem Pfeil und Bogen. Seit einigen Tagen hatte ich Enten auf dem See gesehen. Ich suchte mir eine günstige Stelle. Dort kauerte ich mich am Ufer hinter einem kleinen Busch nieder und lauerte auf ein Opfer. Nichts ahnend von der tödlichen Gefahr tummelte sich das Federvieh allerdings in sicherer Entfernung, zog seine Bahn und dachte überhaupt nicht daran, mal an mir vorbei zu schwimmen. Als ob sie ahnten, dass ich auf sie lauerte, drehten sie immer wieder ab, wenn sie mal in meine Richtung schwammen. Bis plötzlich zwei Erpel begannen, sich zu kampeln. Aufgebracht flüchtete der eine in meine Richtung. Der andere folgte ihm knapp über dem Wasser fliegend nach. Sie jagten sich, bis der Gejagte kurz vor mir auf Schussweite heran kam. Schussweite bedeutete für mich, mindestens drei Meter und selbst bei dieser Nähe musste ich erst einmal treffen. Der andere flatterte sofort wieder in Richtung der anderen Enten und umwarb die Dame seines Herzens, sie war wohl auch der Grund der Auseinandersetzung. Nicht genug, dass der Unterlegene nun auf diese Schönheit verzichten sollte, hatte er sich nun auch noch in tödliche Gefahr gebracht. Jetzt musste ich schnell handeln, bevor er erneut versuchte, seine Angebetete dem anderen wieder streitig zu machen. Nun tummelte er sich kurz vor mir, direkt am Ufer. Bestimmt wollte er nach etwas Essbaren Ausschau halten, um sich gestärkt dem Kampf erneut zu stellen. Doch dazu kam er nicht mehr. Blitzschnell hatte ich den Pfeil abgeschossen und getroffen. Zwischen Pfeilspitze und Beute war zwar, nachdem ich den Bogen gespannt hatte, nicht mehr viel Platz, vielleicht ein Meter. Aber ich war stolz wie ein Krieger in einer gewonnenen Schlacht. Ergebnis zählt, dachte ich so bei mir, denn aus der Entfernung hätte ich ihn sogar mit einem Knüppel erwischt. Nun ging es mir besser. Ich hatte eine funktionsfähige Waffe und Training macht den Meister, ich konnte nur besser werden.

Die nächsten Tage hatte ich reichlich zu tun. Die Behausung wurde langsam gemütlich und ich beschloss, das Papier zu nutzen, um mein Abenteuer aufzuschreiben. Plötzlich hatte ich große Lust dazu und es bot eine herrliche Abwechslung zu den Verrichtungen des Tages. Am Nachmittag, wenn ich keine Lust mehr hatte rumzuwerkeln, setzte ich mich an den Tisch und schrieb, von Beginn an bis hierher und jeden Tag weiter. Einige Notizen hatte ich ja schon während meines Marsches gemacht und so schrieb ich alles auf, was ich erlebte. Von Langeweile keine Spur. Auch trieb es mich nun wieder in den Stollen. Es sah wirklich alles sehr morsch aus und ein Einsturz war immer möglich. Ich begann, einige Balken zu ersetzen und abzustützen, versuchte das Geheimnis zu lüften. Die Neugier trieb mich immer weiter hinein. Es war ein langer Schacht, der fast waagerecht und gerade in den Berg führte. Ab und zu zweigte ein Stollen mal nach rechts, mal nach links ab. Dort traute ich mich aber nicht hin. Zu gespenstisch und eben auch gefährlich sahen diese Abzweigungen aus. Nur gut, dass meine Taschenlampe noch gutes Licht gab, denn nach wenigen Metern im Schacht verlor das Tageslicht an Stärke. Ich war immer sehr sparsam mit der Lampe umgegangen, was sich nun auszahlte und hatte auch noch Ersatzbatterien. Ich konnte nichts erkennen, was nach Gold aussah. So erkundete ich aus reiner Neugier diese Mine und wollte es auch irgendwann bis in den entlegendsten Winkel schaffen. So ist eben der Mensch, getrieben von der Neugier, vor dem Unbekannten, kennt er keine Ruhe, bis das Geheimnis gelüftet und jeder Meter erkundet ist.

Ich teilte meine Tage ein. Die meiste Zeit brauchte ich für die Jagd und dem Sammeln von allem, was mir essbar erschien. Ich musste nun komplett aus der Natur leben, denn von dem Mehl hatte ich noch einmal ein Brot gebacken. Nur ein kleiner Rest war noch übrig. Die Brühwürfel waren verbraucht und auch die restlichen Wurstbüchsen. Immer öfter kamen mir Gedanken, zurück zu den Menschen zu gehen, irgendwie ein paar Dollar aufzutreiben und mir einen Vorrat zu kaufen. Mehl, einige Gewürze, Bohnen, Linsen, Suppenwürfel, Teebeutel und so. Bei diesen Gedanken lief mir doch das Wasser im Munde zusammen, denn meine Ernährung war sehr einseitig geworden. Es gab fast nur noch Fisch, mal gebraten, mal geräuchert, oder Fleisch gebraten oder gekocht. Zum Nachtisch frisches Obst in Form von Beeren, die wirklich sehr köstlich waren und meine Gier auf etwas Süßes befriedigte. Zu trinken hatte ich das beste Wasser und oft bereitete ich mir einen Tee aus den Blättern wilder Erdbeeren oder Tannennadeln, der allerdings etwas eigenartig schmeckte. Auch die jungen Blätter von Birken waren genießbar. Ab und zu fand ich auch andere angenehm riechende Blätter und Kräuter. In einem Buch hatte ich mal gelesen, wie man testen kann, ob etwas genießbar ist. So rieb ich solche Blätter zwischen den Fingern klein und strich diesen Brei in meine Armkuhle und beließ es dort bis zum anderen Tag. Wenn sich die Haut nicht rötete oder es keine andere widerlichen Anzeichen von Ausschlag gab, wiederholte ich diesen Vorgang, nur dass ich diesmal die zerriebenen Blätter hinter die Lippe rieb. War auch da keine Reaktion zu spüren und der Geschmack nicht allzu eklig, aß ich etwas davon. Meistens war hier die Stunde der Wahrheit ganz massiv zu spüren und ab und zu trieb mich so mancher Versuch mit Eile ins Gebüsch und Magenschmerzen quälten. Aber so manches Grünzeug war gut verträglich und so hatte mein Körper bestimmt einige wertvolle Vitamin zur Verfügung. Diese Selbstversuche waren immer sehr unangenehm, aber doch notwendig, wollte ich überleben. Die Indianer und Trapper hatten auch keinen Supermarkt und lebten recht gut aus dieser Natur. Aber ich war kein Indianer und leider auch kein Trapper, musste somit alles neu erfinden.

Nur eines machte mir richtig Sorgen, die Menge an Vorrat für den Winter. Jetzt fand ich gerade so viel, um einigermaßen satt über den Tag zu kommen, oder nur eine kleine Bevorratung anzulegen. Im Winter konnte ich nichts sammeln und wer weiß, ob ich Wild finden würde und wenn, dann auch erjagen könnte. Zweifel kamen auf, dieses Risiko so einzugehen. Der Gedanke, doch qualvoll zu verhungern oder dann zu schwach für jegliche Arbeit einfach liegen zu bleiben und zu erfrieren, trieben solche Gedanken immer wieder durch meinen Kopf. Wenn ich mich dazu entschließen sollte, doch den Weg zurück zu gehen, musste ich mich schnell entscheiden. Bald würde es kälter werden und der Winter ist in dieser Gegend schneller zur Stelle, als man denkt. Dann wäre es zu spät, ich wäre für Monate von der Außenwelt abgeschnitten. Habe ich dann nicht alles zusammen, ist es vorbei mit dem Leben. Also was tun? Die Hütte war bewohnbar, auch für den Winter gerüstet. Feuerholz gab es genug und Beschäftigung war auch kein Problem. Ich könnte im Winter in der Mine arbeiten. Meine Neugier trieb mich ohnehin immer wieder dorthin. Holz musste immer gehackt werden und ich konnte schreiben. Die Eindrücke, meine Gefühle, dieses so total andere Leben, diese wunderbare Natur, das alles zu beschreiben bereitete mir von Mal zu Mal mehr Vergnügen, eine Befriedigung, die ich so stark an mir noch nicht kannte. Ich schrieb mir alles von der Seele, auch meine Vergangenheit und den alles entscheidenden Grund für meiner Flucht, über Anke, meine immer noch große Liebe. Deutlich spürte ich, wie diese Art der Erinnerung und dieses Aufschreiben meine Seele entlastete. Eigenartig, dachte ich, mein Gefühl für diese Frau ist immer noch vorhanden, aber ich leide nicht mehr so stark bei den Gedanken an sie. Immer wieder und wieder las ich mein Geschriebenes und wurde dabei immer ruhiger. Alles bekam eine neue Bedeutung. Wie Balsam auf einer Wunde veränderte sich der Schmerz in ein liebevolles Gefühl, wenn ich an all das dachte. Aus diesem unerträglichen Orkan, der ständig in mir getobt hatte, wurde ein Hauch, der mich auf eine wundersame Weise heilen ließ, ich spürte es genau. Von Zeile zu Zeile, von Tag zu Tag wurde alles klarer. Ich wollte leben, wollte hier leben oder doch wieder bei den Menschen, alles war wieder möglich. Eins wusste ich genau, für immer zurück wollte ich nie wieder.

Nun stand es fest, es gab kein Zweifel mehr. Ich lief hinaus, sah in das blaue Firmament, fühlte meine Stärke. Nein, ich wollte hier nicht sterben! Ich wollte es noch einmal richtig versuchen, dieses Leben. „Ich danke dir!", rief ich in diesen wunderbaren Himmel, in dieses herrliche vor mir sich ausbreitende Panorama. Tief atmete ich diese herrliche Luft ein und schrie erneut: „Ich danke dir!" Als ich wieder am Tisch saß, beendete ich meine Aufzeichnungen mit dem Eintrag: „Ab Morgen werde ich Vorbereitungen treffen, um zu den Menschen zurück zu kehren, aber nur, um Vorräte für den Winter zu besorgen, denn ich will leben, will leben in diesem Paradies!" Wie das geschehen sollte, wusste ich noch nicht. Aber was konnte mir schon passieren? Ich hatte es bis hierher geschafft, wollte sterben, hatte meine Selbstmordattacke überlebt, war auf dem besten Weg der Genesung, fand mein Leben wieder und konnte nun hoffentlich mit dieser Liebe richtig umgehen. Anke war ab jetzt eine meiner schönsten Erinnerungen. Immer, wenn ich an sie dachte, gab es fast keine Krämpfe, keine Schmerzen mehr. Die Erinnerungen an sie wurden nun zu einer Art Ansporn, zu dem tiefen und aufrichtigen Wunsch, dass sie vom Leben, wie auch immer, erfüllt sein sollte. Alles drehte sich in sein Gegenteil. Dachte ich nun an sie, motivierte es mich, aus allem nur noch das Beste zu machen, wie eine Art Verpflichtung an das Leben, zu diesen Gefühlen, zu dieser Liebe. Was sollte schon die Liebe wert sein, wenn sie wie in meinem Fall beinahe in den Tod geführt hätte. Liebe ist das größte Gottesgeschenk, sie sollte immer auch Kraft geben, sollte immer das Gute in uns aufzeigen. Wahre Liebe kann vermutlich nur so sein und sie macht uns erst zu Menschen. Schlimm wird es nur, wenn man sie auf diese meine krankhafte Art erlebt, sie dadurch eine lange Zeit der Qualen hervorruft. Aber wie oft hatte ich in meinem Bekanntenkreis auch solcherlei Dramen erlebt. Wie oft war es die große Liebe und ging sie zu Ende, wurde geschimpft, sich oft beleidigt, oder es schlug sogar in Hass um. War das jemals Liebe, was war es? Besitzanspruch oder gekränkte Eitelkeit oder der Verlust des gewohnten Sexuallebens? Machogehabe oder eben ein Patriarch zu sein sind wohl Ursache solcher Verhaltensweisen, die fälschlicherweise für Liebe gehalten werden. Ich musste es schmerzlich lernen, denn mein Anspruch an die Liebe war auch nichts anderes als Egoismus. Es wurde mir immer bewusster, wie wertvoll Anke für mein Leben war. Vermutlich wusste sie es so deutlich wohl selbst nicht. Lernen ist nicht so einfach und wenn man etwas nicht begreifen will, gibt das Leben Nachhilfe, so lange, bis man begriffen hat oder eben nicht und die Nachhilfe beginnt von Neuem. Wenn man sich zu dämlich anstellt, so wie ich, kann es sehr schmerzhaft werden oder eben sogar lebensgefährlich. Dieser Weg war sehr schlimm, aber auch sehr lehrreich. Ich musste ihn gehen, um der zu werden, der ich nun war. Mit diesen Gedanken, die ich wieder zu Papier gebracht hatte, schlief ich an diesem Abend fast schon glücklich ein.

Das Wetter am anderen Tag machte mir Mut, den Weg zurück zu den Menschen zu wagen. Die Sonne schien und es war angenehm warm. Heute wollte ich packen und mein Reich vor dem Verlassen ordnen. Viel war nicht zu tun. Ich legte alles zurecht, was mitzunehmen war, eigentlich alles, was ich besaß. In der Hütte ließ ich nur Feuerholz sowie einige Blätter für einen Tee zurück. Ich studierte meine Karten, ich wusste wo ich war und wo ich hin wollte. Mein Kompass sollte mir die Richtung weisen. Ich musste zurück zur Straße, also immer Richtung Süden. Meine Vorräte waren kläglich und ich war auf mein Angelzeug angewiesen. Ich packte den Rest des Fleisches ein und etwas Fisch sowie einige Beeren. Das war alles an Lebensmitteln. Noch einmal ging ich die Lichtung ab und unten am Ufer entlang, dann zur Hütte zurück. Ich nahm Abschied und konnte nur hoffen, irgendwann in den nächsten fünf bis spätestens sechs Wochen wieder hier zu sein. Dann war es bestimmt schon kalt und ich wollte vor dem ersten Schnee und der ganz großen Kälte wieder am Kamin sitzen. Noch einmal ging ich in die Mine und schon wie selbstverständlich fühlte ich mich einigermaßen sicher beim Begehen der Stollen, denn bisher war alles stabil geblieben. Aber auch da wollte ich Abschied nehmen, wie eine Art Ritual ging ich noch einmal alles ab. Nur diesmal nicht wie immer nur den Hauptstollen entlang, sondern es trieb mich in den letzten linken Abzweig. Noch nie war ich in einen dieser etwas flacheren Stollen gegangen. Warum ausgerechnet heute? Er war wohl der letzte, den der Goldsucher angelegt hatte, bevor er seine Suche eingestellt hatte. Dieser Stollen war noch im Bau, denn hier war das Holz für die Stützen am besten erhalten. So dachte ich wenigstens und so sah es auch aus. Ich ging bis zum Ende des Ganges. Die letzten Meter waren hier noch nicht abgefangen und mir wurde doch etwas mulmig. Aber einen kleinen Versuch wollte ich wenigstens machen, wenn ich schon bis hier her vorgedrungen war. Vorsichtig schlug ich mit der Kreuzhacke gegen das Ende des Stollens. Einige Klumpen lösten sich aus der Wand. Etwas Staub wirbelte auf, aber es war zu ertragen. Der nur sehr schwache Schein meiner Lampe vernebelte sich. Aber außer Erdreich und Gestein war nichts zu erkennen. Kein Glitzern von Gold. Na ja, dachte ich noch, es ist ein Versuch wert, als plötzlich ein Rumoren zu hören war, so, als würde es draußen gewittern. Dann ging alles sehr schnell. Ehe ich mich versah, war ich von einer riesigen Staubwolke eingehüllt, die kaum noch das Atmen zuließ. „Scheiße, verdammte Scheiße!“, fluchte ich und der Staub zwang zu einer Hustenattacke. Ich ging in Richtung des Hauptstollens. Als ich um die Ecke bog, sah ich die Bescherung, wenn auch nur schwach im Licht meiner Taschenlampe, durch den dichten Staub. Der Weg zum Ausgang war versperrt. Eingestürzt! Ich war wie gelähmt, stand da und begriff nicht, was das sollte. „Ich dämlicher Hund! Wie konnte ich nur? Ausgerechnet jetzt, wo ich zurück wollte! Wie konnte ich nur so leichtsinnig sein und in diesen Seitenarm gehen? Nie war ich in eine dieser Seitenstollen gegangen. Warum heute?“

Ängstlich sah ich um mich. Der Staub war wie dichter Nebel. Da, wo vor wenigen Minuten noch der Ausgang gewesen war, türmte sich ein Haufen Erde. Verkrampft lauschte ich. Aber das Rumoren war verstummt, alles war ruhig. Friedhofsruhe, kam mir jetzt in den Sinn. Wenn das alles bis zum Eingang eingestürzt war, müsste ich so ungefähr zehn Meter frei buddeln. Das würde ich nicht schaffen. Die Atemluft würde vermutlich auch nicht reichen. Immer vorausgesetzt, es bricht nicht weiter zusammen. Sollte nun doch das Ende gekommen sein, jetzt, wo mein Lebenswille mich endlich wieder hatte? Was war das nur für ein Mist! Aber ich konnte keinem die Schuld dafür geben. Es war alleine meine Dummheit, die mich nun doch noch das Leben kosten konnte. Mutlos fing ich an, in dem Geröll zu scharren, langsam, ohne Elan und Hoffnung. Mit jeder Bewegung wirbelte ich erneut Staub auf. Ich zog mein Hemd aus, riss einen Ärmel ab und wickelte ihn um Mund und Nase. Jetzt wurden meine Aktivitäten größer. Ich grub schneller und immer schneller und schmiss dabei das Geröll hinter mich. Der Schweiß lief mir über das Gesicht und brannte in den Augen. Ich trennte den anderen Ärmel vom Hemd und wickelte ihn um die Stirn. Misstrauisch sah ich zur Taschenlampe und hoffte nur, dass sie mich nicht im Stich ließ. Der Lichtstrahl war die einzige Hoffnung, gab mir noch ein Fünkchen Mut, weiter zu machen.

Mal kniete ich, mal lag ich auf dem Bauch, schob mit den Händen und Füßen den Abraum hinter mich, ein Vorwärtskommen war kaum zu spüren. So lange, wie es geht, werde ich weiterbuddeln, höre ich auf, werde ich sterben. So hatte ich wenigstens noch eine kleine Chance. Es war wohl dieses Adrenalin, das mich nun wie einen Besessenen arbeiten ließ. Dann ging es irgendwie nicht weiter. Ein Stück Fels versperrte den Weg. Er war wohl von oben gekommen. Die Schwerkraft hatte ihn ausgerechnet jetzt, wo ich in diesem Stollen war, nach unten getrieben. Eigentlich war es nur Physik und auch kein Zufall.

Es gab einen Grund, warum ich hier rein gegangen bin und es gab einen Grund, warum ausgerechnet jetzt der Felsbrocken nach unten drängte. Ich war eben nur zur falschen Zeit am falschen Ort, wie so oft in den vergangenen Jahren. Aber alles hat immer eine Ursache und somit immer auch eine Wirkung. Ich wusste nicht, wie lange ich schon im Geröll gewühlt hatte. Aber an dem Felsbrocken kam ich nicht vorbei. Fest lag er am Boden des Stollens und war einfach zu groß. Er versperrte den gesamten Weg. Auch hatte ich das Gefühl, dass nun doch meine Lampe langsam, aber sicher ihren Geist aufgab, so wie vermutlich bald auch ich. Völlig verzweifelt und auch fast am Ende meiner Kräfte ließ ich die Hacke aus den Händen fallen, drehte mich auf den Rücken und lag nun in meinem Grab. Der Atem ging schwer und ich fing an zu heulen. Ich griff zur Taschenlampe und löschte das Licht. Nun sollte sich doch noch alles so erfüllen, wie ursprünglich gedacht, aber eigentlich nie wirklich gewollt.
Ich dachte an mein Zuhause, an Mutter und Vater, an meinen Bruder, die Frau, mit der ich viele Jahre eine glückliche Ehe erleben durfte und meine wundervolle Kinder, an alle, die ich so sehr liebte. Was habe ich euch allen nur angetan? „Wie geht es euch?“, fragte ich ganz leise. Nun war mein Gesicht nass vor Tränen. Das war kein Selbstmitleid mehr. Ich war nun davon überzeugt, dass ich hier sterben würde und ich am Ende angekommen war. Dann entschwanden meine Gedanken hin zu Anke und gingen zurück zu unserer ersten Verabredung. An einen herrlichen Abend, es war angenehm warm, die Sterne leuchteten. Wir schlenderten durch unsere sehr alte und wunderschön restaurierte, romantische Altstadt. Irgendwann landeten wir in einer kleinen gemütlichen

Bar und berauschten unsere Sinne mit einigen exotisch zubereiteten Cocktails. Wir unterhielten uns über das Leben und unsere Träume und versanken immer tiefer in unseren Gefühlen. Dabei vergaßen wir die Zeit und alles um uns herum. Irgendwann fiel mir die etwas gelangweilte Bedienung auf, die an einem Pfeiler lehnte und zu uns rüber sah. Nun merkte ich erst, dass wir die letzten Gäste waren und der Blick zur Uhr ließ mich doch erstaunen. Es war zwei Uhr geworden! Ich rief die junge Bedienung, die geduldig auf diese Zeichen gewartet hatte.
Langsam schlenderten wir durch die herrlich laue Nacht und wie wir so gingen, gab es einen eigenartigen Magnetismus. Bei jedem dritten oder vierten Schritt zogen wir uns an, berührten uns auf wundersame Weise. Mir war es schon peinlich und ich versuchte gegenzusteuern. Aber immer wieder passierte es und plötzlich ging alles wie von selbst. Ich hielt sie einfach fest. Sie blieb stehen, drehte sich zu mir. Ich versank in ihren Augen und wir küssten uns. Das Bimmeln einer Straßenbahn riss uns aus der weltlichen Abwesenheit und wir lachten über den bestimmt nett gemeinten Gruß des Fahrers. Von diesem Augenblick an ging ich nicht mehr, ich schwebte. Fast wie in Trance dachte ich nur noch an sie und genoss dieses Hochgefühl. Ich wusste, dass es nichts Vergleichbareres gibt als das Gefühl der Liebe. Von diesem Abend an war ich verliebt, drehte sich alles nur noch um Anke.

Ich hatte wohl vor Erschöpfung und über diese letzten, quälenden Gedanken, das Bewusstsein verloren. Irgendetwas rieselte mir auf den Kopf und ich kam wieder zu mir. Als mein Blick nach oben ging, traute ich meinen Augen nicht. Ein kleiner heller Punkt war zu sehen! Ja, es gab keinen Zweifel, da fiel etwas Licht herein. Ruckartig griff ich die Lampe, richtete mich auf und konnte durch ein kleines Loch den Eingang sehen. Resignation und Todesgedanke waren mit einem Male wie weggeblasen und der Lebenswille neu geboren. Ich versuchte, mit der Hand das Loch zu vergrößern, was mir auch gelang. Aber größer als ein Fußball wurde es nicht, denn unter mir lag der große Brocken. Ich nahm die Hacke und versuchte vorsichtig, das Loch nach oben hin zu vergrößern. Langsam und sehr behutsam kratzte ich so lange, bis es mir groß genug erschien, um einen Versuch zu wagen, hindurchzuschlüpfen. Mit großer Anspannung zwängte ich mich durch und rutschte auf der anderen Seite zu Boden. Sofort stand ich auf und rannte, so schnell ich noch konnte, zum Ausgang. Luft, frische Luft, noch nie war sie so herrlich! Noch nie war der Himmel so blau, noch nie war alles so schön. Ich sah auf meine Hände, drehte mich um, sah zurück in den Stollen und bemerkte, dass ich meine Taschenlampe und die Kreuzhacke zurückgelassen hatte. Es war mir egal. Nie wieder wollte ich den Stollen betreten, nie wieder da hinein, nicht einen Meter weit.

Ich lief einige Schritte und ließ mich einfach umfallen, blinzelte in die Sonne und genoss mein wieder gewonnenes Leben. Als ich wieder so richtig im Hier und Jetzt angekommen war, stützte ich mich auf. Dabei fiel mein Blick auf meine Beine. Irgendetwas glitzerte an meiner Hose, an meinem ganzen Körper. Ehe ich es richtig begriff, holte ich aus meiner Tasche eine Handvoll feinstes Erdreich. Es funkelte genau so wie meine Kleidung. Was war das? Doch nicht etwa Gold? Fassungslos starrte ich auf das Material. Sitzend drehte ich mich um und sah zum Eingang. Sollte doch noch Gold zu finden sein? Ich wusste, dass es auch Material gibt, das wie Gold aussieht, aber keines ist. Aber hier hat doch keiner nach diesem falschen Gold gesucht. Es musste Gold sein. Ich stand auf und ging zurück zum Eingang, blieb dann ruckartig stehen. Eben hatte ich noch geschworen, diesen Stollen nie wieder zu betreten. Und nun? Jetzt fehlte mir die Lampe, aber bis zu dem Felsbrocken, der mir beinah das Leben gekostet hätte, reichte das Tageslicht. Ich fühlte die Neugier in mir wachsen. Vorsichtig, immer auf ein Knistern und Krachen lauschend, ging ich langsam ein paar Meter weiter. Sehr vorsichtig und immer auf dem Sprung, sofort umzudrehen und hinauszurennen. Am Felsbrocken angekommen, ging mein Blick nach oben zu dem Loch, aus dem ich eben gekrochen war und das mir das Leben wieder gegeben hatte. Nun sah ich es funkeln, wie Sterne am Himmel. Hinter dem Brocken waren von oben etliche Erdmassen hinterhergekommen. Diese hatten vermutlich ein Goldlager freigelegt. Ich wühlte im Schutt, konnte aber am Boden nichts erkennen. Nun rannte ich wieder hinaus, holte einen Eimer und füllte ihn mit einer mitgebrachten Schaufel. Wieder draußen, kippte ich ihn aus und traute meinen Augen nicht. Dieser eine Eimer ergab eine Hand voll Gold in Form von kleinen Klümpchen. Wenn ich den Rest auswaschen würde, käme bestimmt noch einiges an Goldstaub hinzu. Ich konnte es nicht fassen, ich war reich, denn was ich hier in der Hand hielt, waren bestimmt einige Gramm und das von einem Eimer. Nicht auszudenken, was da rauszuholen war.

Im Augenblick war alles vergessen, die noch vor kurzem vorherrschenden Todesängste und der Weg zurück zur Menschheit, zur Vorratsbeschaffung, alles war nun Nebensache. Erst nach einigen Transporten und dem Gewühle im Schutt bemerkte ich meinen Wahn. Das ist das so oft erwähnte Goldfieber. So erwischt es einen, alles ist vergessen. Als ich noch hinter dem Felsbrocken lag, hätte ich bei allem, was mir heilig ist, geschworen, auf alles verzichten zu wollen, wenn ich nur hier raus könnte und weiterleben dürfte. Nun hatte ich vielleicht zweihundert oder dreihundert Gramm Gold vor mir liegen, habe die letzten Stunden nichts anderes gemacht, als im Dreck gewühlt. Und nun? Keine Schwäche war mehr zu spüren, nichts, nur der Wahn nach diesem Metall bestimmte meine Handlung. Ich hatte Durst und auch Hunger. Mit dem Durst war es kein Problem, aber der Hunger würde irgendwann ein Problem werden, so weit war ich doch schon einmal. Nun hatte ich Gold. Ich merkte, wie sich alles langsam runterpegelte, denn hier war dieses Gold total wertlos. Wie irre ging mein Blick zum Stollen, dann zur Hütte, zum Wald und wieder zurück zum Stollen. Ich sah auf meine ramponierten Hände und im selben Moment wurde mir die Idiotie dieser Wühlerei bewusst. Auch, wenn ich es zentnerweise rausgeholt hätte, ich wäre damit nicht satt geworden. Ich versuchte, nach diesem Anfall von Gier wieder klar zu denken. Ich wollte doch, nein, ich musste zurück, wenn ich diesen Winter überleben wollte. Aber für heute lohnte es nicht mehr, den Aufbruch zu beginnen. Das Gold hatte mich von allem, auch von dem Schrecken des fast zu Ende gegangenen Lebens, total berauscht. Fast besessen hatte ich in den letzten Stunden gearbeitet, nur, um doch irgendwann zu begreifen, dass man Gold nicht essen kann.

Also packte ich den Schlafsack wieder aus und machte es mir vor dem Kamin gemütlich. Fast schon aus Gewohnheit, ließ ich den Tag an mir vorüber ziehen. Mir fiel eine

Geschichte ein, die ich irgendwo und irgendwann einmal gelesen hatte. Sie handelte von einer kleinen Stadt auf einer Insel. In ihr lebten fleißige Menschen, es gab alles, was zum Leben gebraucht wurde und alle waren glücklich und zufrieden. Eines Tages fanden Fischer an einer Klippe eine Höhle und dort lag ein sagenhafter Schatz. Gold, Edelsteine waren dort in großer Menge in Kisten versteckt. Die Fischer brachten diesen Schatz in die Stadt und der Stadtrat verfügte, dass alles Gold und die Edelsteine zu gleichen Teilen aufgeteilt werden sollte. Alle Bürger, die Bauern, die Fischer, Handwerker, alle waren nun sehr reich. So reich, dass keiner mehr seiner Arbeiten nachgehen musste. Irgendwann lagen sie verhungert auf ihren mit Gold und Edelstein gefüllten Säcken. Es ist nur eine erfundene Geschichte. Aber sie macht doch deutlich, wie es sich mit den Werten verhält. Gier nach Reichtum und Macht ist es, die unseren wunderbaren Planeten erkranken lässt, immer und immer mehr muss es sein. Und ausgerechnet die Menschen, die auch heute noch natürlich leben, diese Naturvölker werden ausgerottet oder in die Zivilisation gezwungen, ihrer Kultur und Lebensgrundlage beraubt. Meist sind sie gezwungen, dort ein armseliges Leben zu führen. Die Zivilisierten eignen sich das Land an, um es zu bebauen und auszubeuten. Dieser Wahnsinn hat bis heute kein Ende gefunden. Wie Heuschrecken fallen sie über alles her, was zu Geld zu machen ist, vernichten Kulturen und Natur. Blind und geil vor Macht und Wahn schaufeln sie ihr eigenes und der gesamten Menschheit Grab. Diesen Besessenen muss man das Handwerk legen, sie sind der Schöpfung Krebsgeschwür.

Mit erschrecken stellte ich fest, dass auch ich einmal

auf einem Weg des geistigen und natürlichen Verfalls war, abhängig geworden von einem entstandenen Trugbild, das wie ein Irrlicht im Moor den Weg in den Sumpf weist, konnte auch ich der diabolischen Versuchung nach immer mehr nicht widerstehen. Es ist nichts dagegen einzuwenden, wenn Menschen über viel Geld verfügen, wenn sie es durch Leistung, oder eben durch überragende Erfolge verdient haben.

Und nun hatte ich Gold gefunden und könnte es eigentlich wieder dazu benutzen, erneut in diese Welt einzutauchen, um ein neues Großkotzleben zu organisieren. Bei diesen Gedanken konnte ich nur leicht lächeln. Nein, ich hatte aus meinen Fehlern der Vergangenheit gelernt. Ich brauchte nicht noch einmal Nachhilfeunterricht. Der letzte war schmerzhaft genug und wenn ich nun auch wieder anfing zu träumen, eine so billige Befriedigung eines krankhaften Egos sollte nie wieder mein Leben bestimmen.

Aber am anderen Morgen trieb es mich erneut in den Stollen. Die nun entstandene Möglichkeit, nun doch noch einmal viel Geld zu besitzen, mein neues Leben ohne materielle Sorgen zu beginnen, war trotz meiner gestrigen Gedanken wieder sehr verlockend geworden. Die Welt ist nun einmal, wie sie ist und ich werde sie nicht ändern können. Es gibt eben arm und reich in dieser Welt, ich hatte das nicht erfunden. Aber ich wusste nur zu gut um die Schwächen der Menschheit und eigentlich auch der meinen, das Streben nach immer mehr und noch mehr. Glücklicherweise gab es auch gute Beispiele, wie man materielles, aber auch geistiges Kapital verwenden konnte. Ich hatte auch gelernt, dass man nur aus der Position der eigenen Stärke heraus Dinge in Bewegung setzten konnte. Nur so war es möglich, wirkliche Hilfe zu leisten. Dazu könnte auch ich bald in der Lage sein und somit musste ich noch ein wenig für diese Stärke tun. Ich spürte erneut, wie meine Phantasie anfing, Bilder zu malen. Bilder eines zumindest finanziell sorglosen Lebens, aber ohne dekadente Ausschweifungen und diesem Egowahn, das stand fest. Mit diesen Gedanken versuchte ich nun, mein Gewissen zu beruhigen, denn mein erneutes Tun stand eigentlich im Widerspruch zu meiner neu gewonnenen Überzeugung. Ich spürte erneut den Wunsch, ein unbeschwertes Leben zu genießen. Das ist eigentlich auch nichts Verwerfliches, aber das Maß ist wohl hier das alles Entscheidende. Aber wer legt dieses Maß fest? Ich wusste genau, dass es in der Natur des Menschen liegt, ständig zu forschen, bei jeder sich bietenden Gelegenheit gute Situationen zu nutzen. Ja, wer legt aber dieses Maß fest? Ich fand im Moment keine Antwort auf diese Frage, grübelte auch nicht weiter, wollte später nachdenken. So buddelte ich noch einmal die gleiche Menge hervor. Ich versteckte noch zwei weitere Bündel etwas abseits der Mine in einem Loch, warf Erde darüber und etliche Steine. Das sollte eine Reserve sein, falls doch das fast Unmögliche geschah, dass der Eigentümer oder wer auch immer dieses von mir gefundene Gold entdeckte.

Zunächst musste ich dringend für mein Überleben sorgen, musste mich in Richtung Menschheit in Bewegung setzen, um überhaupt wieder von einer Zukunft träumen zu können. Ich hatte nun Gold. Das bedeutete aber noch nicht, dass ich es wirklich hatte. Ich wusste nicht, wie die Bestimmungen hier in Kanada waren, wenn ich als Ausländer irgendwo in diesem Land Gold fand. Wem gehörte es? Vermutlich dem Eigentümer der Mine. Aber ich hatte es gefunden und wollte es auch behalten beziehungsweise Geld daraus machen. Wie auch immer, ich hatte bestimmt so ein Kilo von diesem herrlichen Edelmetall in meiner Ausrüstung verstaut und musste endlich los. Nach einem dürftigen Mahl legte ich mich schlafen, denn gleich am anderen Morgen wollte ich aufbrechen. Alles war vorbereitet. Ich tarnte den Eingang zur Mine und hatte am Vorabend den Arbeitsplatz hinter der Hütte so gestaltet, dass ein Blick darauf den Zweck verwischte. Alles sah nun so aus, als wenn hier der Vorrichtplatz für den Bau der Hütte gewesen wäre. Der Eingang der Mine war mit Restholz zugestapelt, so, als ob ein Brennholzvorrat für den Winter abgelagert war. Um einen sofortigen Zugriff an diesem Brennholz zu vermeiden, der ja dann wieder den Eingang offengelegt hätte, stapelte ich einen beträchtlichen Teil an der hinteren Wand der Hütte. Mich trieb es zu der Sicherungsmaßnahme, da ich annehmen musste, dass noch etliche Kilo Gold in der Mine zu finden waren. Ich hatte in der Schnelle der letzten zwei Tage lediglich die heruntergefallenen Erdmassen durchwühlt. An der Decke funkelte es noch beträchtlich. Es war nun meine Entdeckung. Und hatte ich nicht fast mein Leben dafür lassen müssen? Natürlich hatten diese Sicherungsmaßnahmen nur Sinn, wenn zufällig ein Fremder hier auftauchen sollte, was bei näherer Überlegung sehr unwahrscheinlich war. Sollte der Eigentümer auftauchen, war diese Arbeit ohnehin sinnlos. Aber das konnte durchaus passieren. So kam ich noch einmal ins Grübeln, doch noch einige Tage zu arbeiten und alles, was zu finden war, auch zu fördern und ebenfalls zu verstecken. Das hätte aber bedeutet, dass ich Gefahr lief, nicht rechtzeitig vor dem Wintereinbruch in der Zivilisation und wieder zurück zu sein.

Der Gedanke, als Gerippe auf einem Sack Gold sitzend irgendwann von einem anderen Aussteiger, Trapper oder wem auch immer gefunden und für total verblödet gehalten zu werden, verscheuchten diese gierigen Gedanken. Ich stellte bereits fest, dass meine Hose mindestens eine Nummer zu groß war, oder besser, ich mindestens eine Nummer abgenommen hatte, also auf dem besten Weg zum Gerippe war. Also zügig in Richtung Menschheit, denn auch meine Kräfte hatten schon einiges eingebüßt. Trotzdem greisten die Gedanken weiter um das Gold. Ich rechnete mir aus, was ein Kilo ungefähr wert war. Selbst wenn ich einen Deal machen müsste, um das Gold an den Mann zu bringen, würde immer noch genügend übrig bleiben, um reichlich einkaufen zu können, ja, ich hätte vermutlich immer noch einiges übrig.

So zog ich an diesem Morgen los, in eine Richtung, in die ich eigentlich niemals wieder gehen wollte.

Zurück ins Leben

Der erste Tag meiner Rückreise war fast vorbei und ich fing schon wieder an zu zweifeln. Wollte ich das wirklich? Zurück in dieses Leben? Erinnert zu werden an eine Zeit, die ich mit aller Macht vergessen und dieses Leben beenden wollte? Wieder und wieder kam ich ins Grübeln. Was war richtig und was falsch? Aber irgendeine Kraft trieb mich weiter. Im Inneren wusste ich es doch genau: ich wollte weiterleben und mit dieser Überzeugung konnte meine Situation nur besser werden. Der überwältigende Eindruck, den diese Natur in mir ausgelöst hatte, unmerklich erst, aber dann allmählich erwacht aus meiner liebeskranken Umnachtung, ließ mich Stück um Stück den Sinn meines Lebens neu und nun irgendwie anders erkennen. Die Natur, diese herrliche Schöpfung hatte mich wieder ans Licht des Lebens gebracht, heraus aus der Finsternis meiner quälenden Gefühle, wo ich wie in einem Kerker eingeschlossen gewesen und auf den Tod gewartet hatte. Unsicher, noch nicht so richtig an diese wundersame Heilung glaubend, aber doch nun fast schmerzfrei war ich auf dem Weg der Genesung. Sollte wirklich nur diese grandiose Kulisse, die sich mir täglich offenbarte, dies bewirken können, ganz ohne Arzt, Antidepressiva, ohne Psychoanalytiker?
Es sollte sich so bewahrheiten, ich war dieser Schöpfung oder wer es so will, diesem Gott, diesem von uns unabhängig wirkenden Wunderheiler, auf ewig dankbar. Natürlich war nun das gefundene Gold eine zusätzliche Triebfeder, ein Sahnehäubchen auf meinem neuen Leben. So kreisten meine Gedanken immer wieder um dieses Phänomen der Heilung und beschäftigen mich

noch bis heute. Ja, ich liebe diesen Gott, der für mich nun erkennbar und in jeder Sekunde meines Seins fühlbar geworden war. So erlebe ich ihn nun diesen Schöpfer auf eine mir eigene Weise und bin glücklich und dankbar für diese Offenbarung.

Diese ganze Todesidee war wirklich nur einer Täuschung meiner Selbst, um diesem mir nun unerträglich gewordenen Leben in der Zivilisation, diesen ganzen Verlusten den Rücken zu kehren. Heute bin ich davon überzeugt, dass es für mich nur diesen einen Weg gab, um in meinem ureigensten Verständnis von Zivilisation und Kultiviertheit menschenwürdig weiterleben zu können, sogar mit diesen Erlebnissen der letzten Wochen und den daraus erwachsenen Erfahrungen, es nun wie erleuchtet, im Einklang mit allem neu zu versuchen. So lag im Gedanken des Todes ein neuer Keim des Lebens und der konnte nur auf diese Weise sprießen und wachsen. Heute weiß ich: ist eine Lebenssituation noch so aussichtslos, schmerzhaft oder scheinbar unausweichlich ins Ende führend, es gibt immer einen Weg das Leben erneut zu gestalten, ja, sogar wirklich wieder glücklich zu werden. Allerdings muss das jeder Mensch für sich selbst erkennen, diesen und nur für ihn richtigen Weg zu finden, denn es gibt kein allgemeingültiges Rezept.

Nur eines ist für alle gleich und davon bin ich nun fest überzeugt: die Schöpfung mit den ihr innewohnenden Natur- und geistigen Gesetzen ist der Ursprung aller Erkenntnis. Genau hier sollte man ansetzten, denn so beginnt immer der erste Schritt aus einer scheinbar ausweglosen Situation. Die Natur zeigt uns in jedem Augenblick, wie es funktioniert. Wer etwas möchte, muss vorher etwas geben. Wer ernten möchte, muss vorher säen und zwar genau das, was er ernten möchte. Das hört sich einfach und so logisch an und der eine oder andere wird bemerken, wie klar das doch ist. Aber beobachten wir das Leben ist es oft genau anders herum. Viele möchten erst ernten. Heute muss alles schnell gehen. Keiner möchte etwas versäumen und in dieser ungeduldigen Blindheit setzt man so oft alles aufs Spiel und denkt nicht über mögliche Konsequenzen nach. Alles wird so einfach gemacht, heile Welten vorgegaukelt, mit dem herrlichen Schein geblendet. Ehe man sich versieht, ist man in der Abhängigkeit, unfrei und Sklave der Umstände, die man sich selbst geschaffen hat und ich weiß genau, wovon ich schreibe. Es werden Kulissen gebaut und es wird sich dahinter versteckt. Wie lächerlich das alles ist und ich war mal so richtig mit dabei. Im alten Korsett des fremd gesteuerten Lebens tanzte ich getrieben von falschem Ergeiz und krankhaften Ego wie benebelt mit, immer rings herum um das goldene Kalb.

Aus den Fehlern der Vergangenheit hatte ich nichts gelernt und wieder fing ich an, so eine künstliche Welt zu errichten, um der Angebeteten zu imponieren, sie nicht zu verlieren, eine Art goldenen Käfig zu bauen. Blind vor Liebe und weil ich es nicht anders wusste, legte ich erneut los. In der festen Überzeugung, dass es nur so geht und alles auch so richtig war, erntete ich wieder vor der Saat. Es ist kein Problem Bargeld zu bekommen, das Zauberwort heißt Kredit. Wie verlockend die Werbung, die nur so das Leben wieder lebenswert verspricht. Schließlich machen es viele genauso und die es anders machten, waren eben träge, ängstlich, würden es wohl nie schaffen. So dachte ich eben. Es war doch auch normal, wer etwas erreichen, wer etwas haben wollte, der musste so sein und wer möchte nicht gerne mitreden und mittanzen. Ein tolles Auto, eine exotische Urlaubsreise, die moderne Einrichtung, tolle Klamotten, luxeriöse Geschenke, Rückzahlung erst im nächsten Jahr und auch nur in kleinen Raten. Welcher Selbsttäuschung ich doch aufgesessen war! Wie dumm und naiv ich den Verlockungen dieses Scheins erneut erlag. Geblendet sah ich abermals den Abgrund nicht und stürzte wieder hinein.

Ich riss mich aus meinen Gedanken und wusste nun genau, dass mehr Schein als Sein nur Selbstbetrug war und auch viel zu anstrengend, es immer glaubhaft an seine Umwelt zu verkaufen. Mehr Sein als Schein war zweifellos die bessere Strategie, wesentlich ungefährlicher und man konnte sich im Rahmen seiner Möglichkeiten ruhiger und vor allem relativ freier verwirklichen. Ich wusste, dass ich trotz des Goldfundes fortan nur noch so leben wollte!

Aber dafür musste ich nun weiter, erstmal wieder zurück zu den Menschen. Blieb ich hier, war alles aus, ein für alle Mal. Denn ich konnte dieser Natur noch so dankbar sein, sie über alles lieben, ist man ein Ahnungsloser, stirbt man sogar im Paradies. Also sollte ich weiter in diese Richtung gehen. Nur für heute war es wieder mal genug. Ich baute mein Nachtlager und machte es mir Feuer gemütlich. Darin war ich allerdings schon ein Profi geworden. Das Abendbrot fiel aus, denn mein Vorrat war bedrohlich geschrumpft. Eigentlich konnte ich nur noch essen, wenn ich etwas fand oder fing. Zu trinken gab es genug und mal ein, zwei Tage ohne Verpflegung würde ich schon überstehen. Ich wusste von Menschen, die in ausweglosen Situationen wochenlang ohne richtige Nahrung ausgekommen waren und überlebt hatten.

Mit solchen Gedanken machte ich mir Mut. Eine innere Überzeugung gab mir Kraft. Ich wusste, dass ich es schaffen würde. Eine Fastenwoche, die ich vor einigen Jahren mal ausprobiert hatte, brachte die Erfahrung, dass nach spätestens drei Tagen das Hungergefühl nachließ, vorausgesetzt, man hatte genügend zu trinken. Es entschlackt den Körper und macht leicht in fast allem, was man tut, auch das Denken. Wieder schrieb ich an diesem Abend alles auf, was mir so durch den Kopf ging. Es gefiel mir in diesem Augenblick und ich fand eine Bestätigung in der Leichtigkeit meines Gedankenflusses. Also sah ich das mit dem Essen nicht so verbissen und versuchte lieber einzuschlafen. Sterne gab es an diesem Abend nicht. Somit gab es keinen Grund, weiter in den Gedanken zu wühlen. Nach einer ganzen Weile drehte ich mich immer noch von der einen auf die andere Seite. Es wollte der Schlaf nicht kommen. Mein Magen knurrte, ich verspürte doch Hunger und somit begann der Denkapparat von neuem zu arbeiten. Nun aber mehr aus Neugier auf meine Gefühlsregungen begann ich erneut das Für und Wider meiner Rückreise abzutasten.

Für das Wider gab es eigentlich nur einen, wenn auch gewaltig großen Grund und der hieß Anke. Ich hatte doch vorher schon den Niedergang meiner Firma zu verkraften sowie die Beendigung meiner fast fünfundzwanzig jährigen Ehe hinzunehmen. Das allein war bereits ein sehr großer Aderlass. Aber die plötzlich und so schnell nicht erwartete neue Liebe ließ mich das alles gut ertragen. Ich war wieder richtig glücklich, so glücklich, wie man eben als Liebender ist. Sie bedeckte meine Mutlosigkeit und Depressionen mit einem hellen Schleier aus Sonnenstrahlen, mit dem süßen Duft des Verlangens

und diese neue Kraft in mir trug einen Namen: Anke, immer wieder Anke. Mein Mut war wieder da, der Mut zu einem richtigen Neuanfang, er ließ alle negativen Gedanken verschwinden. Ich machte wieder Pläne. Voller Hoffnung begann ich damals ein neues Leben. Ich war felsenfest überzeugt, alles noch einmal zu schaffen. Ein Leben voller Liebe, Glück und Harmonie. Ich war wieder auf dem besten Weg in diese Richtung, dem Glück für Anke, ihrem Töchterchen, die ich wie mein eigenes Kind liebte und auch für mich. Es sollte wieder etwas ganz Gewaltiges werden. Ich hatte eine sehr schöne Wohnung gefunden und baute dort Tag und Nacht unser zukünftiges Paradies. Meine ganze Phantasie war gefragt und nach Wochen der Arbeit war sie fertig. Mein Bruder, immer meine größte Hilfe im Leben, stand mir fest zur Seite. Wie schön es doch ist, einen Bruder zu haben. Ich fühlte immer, dass uns nicht nur das Blut verband, er war und ist auch mein bester Freund.
An einem herrlichen Sommertag präsentierte ich Anke dieses Meisterwerk der Innenarchitektur. Mit prüfenden Blicken ging sie durch die Räume und es gefiel ihr, was sie da sah. Aber sie blieb erstaunlich ruhig und gelassen. Etwas misstrauisch sah ich ihr in die Augen und wagte nicht, die alles entscheidende Frage zu stellen. Ihre Gelassenheit irritierte mich und ich wurde unsicher, ja, fast ängstlich, einen Fehler gemacht zu haben. Um die Situation etwas aufzulockern, gingen wir in den kleinen Garten hinter dem Haus, der zur Wohnung gehörte und unser neues gemeinsames Glück ergänzen sollte. Auch er war zu einem Schmuckstück geworden. Eine Wiese, umgeben von einem bunten Blumenmeer, kleinen Sträuchern und Hecken als Schutz vor fremden Blicken, ge-

mütliche Liegen, Sonnenschirm und ein unentbehrlicher Bratwurstrost. Es musste ihr doch gefallen! Wortlos sank sie in einen der drei Liegestühle und ihr Blick fiel dabei auf dieses exotische Gewächs, das etwa drei Meter vor ihr in einem großen Kübel stand. Ich hielt es nicht mehr aus und fragte, wann wir denn hier gemeinsam leben würden. Ihr Blick blieb starr an diesem Gewächs hängen. Nachdenklich und monoton, so als wenn sie keine bessere Antwort wusste, antwortete sie: „WENN DIE AGAVE BLÜHT."

In diesem Augenblick war ich unsicher, so unsicher wie selten in meinem Leben. Ich wusste, dass die Agave in einem, zwei, vielleicht drei Jahren blühen könnte. Aber ihre fast abwesende Haltung beängstigte mich sehr. Ich wusste um meine Art, Dinge zu organisieren und wenn es mich, wie in diesem Fall so erwischt hatte, auch zu übertreiben, eine Geschwindigkeit vorzulegen, die nur wenige verkraften konnten. In dieser Euphorie merkte ich nicht die Fallen, die ich mir erneut baute. Zu spät erkannte ich, dass Anke nicht für solche großen Dinge zu begeistern war. Sie liebte es einfach und hatte Angst vor der Geschwindigkeit, mit der sich so viel für sie verändern sollte. Das alles war sie nicht gewohnt, vermutlich auch eine solch große Liebe nicht. Vielleicht spürte sie auch den goldenen Käfig, den ich in meinem Liebeswahn errichtete. Aber in der festen Überzeugung, alles richtig zu machen, baute ich eine Welt, die ihre Vorstellungskraft weit übertraf. So ein Leben kannte und wollte sie nicht und die Begeisterung für dieses ferne und für sie fremde Land Kanada konnte sie auch nicht mit mir teilen.

Nun waren meine Gedanken doch wieder bei ihr, die mich seit Jahren, nun auch so viele tausend Kilometer weg von ihr, immer wieder einholten. Aber ich wankte jetzt nicht mehr so sehr zwischen Verzweiflung und Neubeginn. Ich musste mich nicht mehr ständig stabilisieren, auch nicht beim Lesen der letzten Aufzeichnungen, die ich zu Papier gebracht hatte. Dabei fiel mir mein Buch in die Hände. Es sollte die Gedanken vertreiben, mich ablenken, um endlich für diesen Abend in den Schlaf zu kommen. Ich hatte es, seitdem ich unterwegs war, noch nicht weiter gelesen. Begonnen hatte ich es schon vor Wochen, noch zu Hause in Deutschland. Um mich abzulenken, verschlang ich dutzende Bücher. Lesen, Schreiben und der Sport hielten mich am Ende ihrer Liebe am Leben, bis zu der Erkenntnis, dass es nun sinnlos war, auf einen Neubeginn zu hoffen. Gedichte, unzählige Handynachrichten, Briefe, Blumen, Geschenke, ich brachte mich immer wieder in Erinnerung. Gnadenlos antwortete sie nur gelegentlich, aus Höflichkeit und als ich dann von ihrem neuen Freund erfuhr, war der Entschluss gefällt. Die Vorstellung, sie mit einem anderen, wie sie sich berührten, miteinander schliefen... Immer wieder spielte mir meine Phantasie solche Szenen in den Kopf. Ich war am Ende. Alles, wirklich alles, war nur noch Qual. Aus, Schluss und vorbei mit allem, auch mit diesem beschissenen Leben. Erneut war ich zurückgerutscht und schlug energisch das Buch auf, genau an der Stelle, an der das Lesezeichen eingelegt war. Dieses Lesezeichen bestand aus zwei gefalteten Blättern. Es war die Kopie des letzten Gedichtes, das ich ihr geschrieben hatte, bevor ich verschwand. Ich hatte es damals immer wieder gelesen und es als Markierung in das Buch gesteckt. Ich konnte in diesem Augenblick nicht anders. Fast zwanghaft und unsicher, ja ängstlich vor einer erneuten seelischen Talfahrt, glitten meine Augen über die Zeilen.

-Wege der Liebe-
Es ist Abend, ich sitze am Kamin und das Licht der Flamme tanzt durch die Finsternis meiner kleinen einsamen Hütte-

Wie ein Zauber hüpft dieses bunte Lichterspiel durch den Raum, leuchtet mal hier und plötzlich wieder dort-

Ruhe und Frieden verschmelzen mit der Sehnsucht, ergreifen meine Seele, es ist Weihnachten, ich bin allein, die Gedanken bei dir- ...

Ich übersprang die nächsten Zeilen, Wege der Liebe, dachte ich, schöne Wege, eigentlich ein richtiger Scheißweg. Wieder sah ich auf das Blatt, laß noch die letzten Zeilen.

... Doch ich werde gehen müssen, die Nähe zu dir lässt Erinnerung ständig am Leben, so bleibt der Blick getrübt und mein Leben geschlossen für den Rest der Welt-

In der Ferne, tausende Kilometer weit weg von dir, so hoffe ich für mich und mein Leben, kann es schwanken, dieses Gefühl der Liebe, sich hin und her bewegen, wie Ebbe und Flut, der Mond das Wasser zwingt-

Ja, es wird dann Momente geben, dann werde ich frei sein, doch die Flut wird noch lange siegen, mit Macht mich erneut überschwemmen, mit Gefühlen der Sehnsucht und Liebe-

Aber die Zeit wird die Ebbe stetig drängen, unmerklich erst, langsam wird sich alles drehen, bis die Flut sich wird ergeben und alles in mir gesunden lässt-

Erst dann kann ich wirklich wieder leben, frei von Sehnsucht, die so lange geschmerzt.
Dann wird mein Herz sich endlich erwärmen, wenn die Phantasien dein Antlitz mir schenken,
ab da kann ich mit freien Gefühlen, bedingungslos liebend an dich denken.

Es ist Friede in meiner kleinen Hütte und das Feuer tanzt im Kamin, es zaubert mir ein buntes Lichterspiel, aber der Mond zwingt gerade wieder die Flut und ich möchte gern bei dir sein, so mischt sich jetzt in diese Zufriedenheit immer wieder der Sehnsucht Schmerz!-

Aber auch dieser letzte Versuch zeigte damals keinerlei Wirkung mehr. Langsam, wie in Zeitlupe knüllte ich die Blätter mit aller Kraft zu Abfall und mit einem energischen Schwung warf ich dieses Kneul von mir. Es muss nun Schluss sein, Schluss, Schluss, schrie ich dem Kneul hinterher. Ich wülte mich aus meiner Hülle. Es war mir zu warm geworden. Die Sterne funkelten und drängten sich dicht am Firmament. So tief ich konnte, sog ich meine Lungen voll und eine zarte Brise hauchte um meinen Körper, so als würde mich wieder diese unsichtbare Hand liebevoll streicheln. Ein Ahornblatt tanzte im weichen, süßen Wind und schwebte direkt vor mir auf den Boden.

Ich hob es auf und lächelte, es war wohl ein Zeichen, wie eine Stimme, die mir sagen wollte: Du gehörst jetzt hierher, das ist nun dein Leben. Der Mond war an diesem Abend nicht zu sehen. Er stand irgendwo flach über dem Horizont, hatte sich versteckt. Ich klemmte das Ahornblatt als mein neues Lesezeichen in das Buch, kuschelte mich in den Schlafsack und schlief ein.

Als ich erwachte, war meine Stimmung richtig gut. Nie wieder wollte ich so miese Gedanken an ein Ende oder immer wieder diese Zweifel zulassen. So wie noch vor Tagen, als ich nach dem Erwachen jedesmal die gleichen Quälereien zuließ. „Warum bin ich nur wieder aufgewacht? Hat dieser himmlische Vater nicht langsam ein Einsehen mit mir? Kann dieser sich immer wieder aufbauende Schmerz nicht endlich ein Ende haben? Kann dieser Gott oder eben die Natur nicht langsam ein Einsehen haben und mich jetzt und hier sterben lassen. Todesursache: Gebrochenes Herz, nicht mehr zu reparieren! Jesesmal wartete und wartete ich, doch nie geschah etwas der Gleichen. Mir wurde nie übel, keine sich anbahnende Ohnmacht, keine Anzeichen von Hinüberschweben ins Jenseits, kein helles Licht, nichts.

In dem letzten Gedicht hatte ich es doch beschrieben, das mit Ebbe und Flut. Wie eine Vorahnung, für mich nur nicht erkennbar, wollte mir das Leben damals schon die Richtung weisen.

Der gestrige Abend war nun hoffentlich der letzte Rückfall und von dieser Flut beherrscht. Aber es war nur noch ein Gefühl der Traurigkeit, keine Verzweiflung mehr. Das spürte ich zu meiner Erleichterung genau. Ich hatte es doch schon einigemale geschafft und dank der mich umgebenden Herrlichkeit diese Ebbe schon gespürt.

Ich wollte doch nun zurück zu den Menschen und einen Neuanfang wagen. Kurz entschlossen, ohne weiter nachzudenken, packte ich meine Sachen. Nun war ich klar, verschwanden endgültig die letzten Schleier vor meinen Augen. Erneut breitete ich meine Arme aus, holte tief Luft, sah über die Wipfel der Bäume hinüber zu den Bergen und brüllte es heraus: „Dich liebe ich, du Herrlichkeit!“ Es war ein Aufschrei, wie eine Bitte, keinen Rückfall mehr zuzulassen. Ich war überzeugt, es würde mich jemand hören, der mir hilft, dieses Leben wirklich wieder zu lieben. Wie ein Sportler vor dem Wettkampf sich zu Höchstleistungen motiviert, so war mir in diesem Augenblick zumute. Ich spornte mich an, schüttelte meine Seele wie ein Hund, der nach dem Bad sein Fell vom überschüssigen Nass befreit und war in diesem Augenblick wieder fest entschlossen, alle schmerzenden Gefühle, meine Vergangenheit nun endlich loszulassen und mutig, ohne Angst, meiner neuen Zukunft, wie sie auch immer aussehen möge, entgegen zu gehen.

Ich füllte mir noch den Magen mit reichlich Wasser und legte los, immer weiter in südliche Richtung. Jetzt war ich viel zügiger unterwegs als auf dem Herweg. Da hatte ich mir Zeit gelassen. Damals war das Ziel ein anderes. Ich wollte ja nie zurück und so rechnete ich mir aus, dass ich es nun in umgekehrter Richtung vielleicht in sechs, sieben Tagen bis zur Strasse schaffen könnte. Vier Tage hatte ich schon hinter mir. Also blieben, wenn alles gut lief, noch drei Tage bis zur Straße. Irgendwie kam mir alles schon so vertraut vor. Ich stolperte wieder umher, so wie immer in dieser Urnatur. Zwei Tagen später kam ich wieder an diesen Fluss, den ich mit der Artistennummer überquert hatte und fast in die Fluten gestürzt wäre. Genau an der Stelle mit dem wippenden Baum aus dem Busch zu treten, wäre ein schöner Zufall gewesen. Vermutlich hatte der Fluss bereits das Wurzelwerk frei gespült und den Baum mit sich gerissen.

Außer Beeren, die ich immer wieder reichlich fand, hatte ich immer noch nichts gegessen. Beeren und Wasser, die Wirkung blieb nicht aus und das Rumoren in meinem Bauch forderte immer wieder Zwangspausen. Ich war schon ganz wund und beim Laufen brannte es wie Feuer. Toilettenpapier gab es auch nicht, nur Blätter. So hatte ich immer das Gefühl, mir würde eine Fackel an den Hintern gehalten. Außerdem wurde ich merklich schwächer, das war weitaus schlimmer. Ich musste nun öfter Pausen einlegen und kam nicht mehr so gut voran. Es half nichts, an diesem Fluss musste geangelt werden. Obwohl nun der Hunger nicht mehr sehr zu spüren war, brauchte ich dringend etwas zu essen. Ich suchte eine geeignete Stelle und warf erschöpft meine Rückenlast ab. Müde sank ich ins trockene Moos, das an dieser Stelle wie ein Teppich vor mir lag. Ich saugte die kühle Abendluft ein und genoss den sanften, frischen Wind, der mir um die Nase wehte. Schnell war ein Feuer entfacht und mit einem weiten Wurf flog der Haken ins Wasser. Nun konnte ich mich erholen und spürte die Wärme. Das Knistern der Flammen war mir eine gewohnte, allabendliche Melodie geworden. Wenn die Kojoten anfingen, ihr Lied zu singen, war die Stimmung komplett. Meine schmerzenden Schultern entspannten sich und die Schönheit dieses Platzes ließ ein erneutes Hochgefühl aufkommen, das ich nun dank meiner hoffentlich anhaltenden guten Seelenverfassung so richtig genießen konnte. Ich lag an einer ruhigen Stelle des Flusses, hinter mir eine Baumgruppe, die die

Sicht zu den Bergen zwar versperrte, aber eine gute Stelle für ein Nachtlager bot. Die andere Seite des Flusses war mit dichtem Wald bewachsen. Über den Wipfeln war der Mond wie eine herrlich glänzende Sichel trotz des noch vorherrschenden Tageslichtes deutlich zu erkennen. Irgendwelche aufkommenden Gedanken zwang ich sofort zur Auflösung. Am Rande der Glut meines Lagerfeuers sprudelte der Wassertopf. Einige gesammelte Blätter für einen Tee sollten diesen Tag mit dem hoffentlich bald am Haken zappelnden Fisch schmackhaft ausklingen lassen. Mein Nachtlager baute ich unter einem Baum auf, der seine Zweige weit auslud und so ein natürliches Dach ergab. Der Nadelboden bot ein herrliches Polster und die Plane und der Schlafsack darüber schützten mich vor der Bodenkühle und die im Morgengrauen entstehende Feuchtigkeit. Ein Vorrat an Brennholz so platziert, dass ich bei Nacht nicht aus dem Schlafsack musste, komplettierte die Behaglichkeit.

Endlich lag ich auf meinem weichen Lager. Den Blick immer wieder zum Ufer, wartete ich auf den Fang. Vergessen waren die Anstrengungen des vergangenen Tages. Ich genoss diese Stimmung und fühlte mich in diesem Augenblick, als hätte ich seit ewigen Zeiten hier gelebt, fühlte mich schon wie zu Hause. Sorgen, Ängste, Probleme, alles war nicht vorhanden. Ich verschmolz in diesem Augenblick abermals mit allem, was mich umgab und spürte nur noch einen tiefen Frieden. Mein Blick krallte sich am Ufer fest, denn neben der Angelschnur wirbelte ein kleiner Strudel um ein paar vom Wasser rund gelutschte Steine und löste sich danach aus dem Zwang der Drehungen, um dann ruhig der hier nur leichten Strömung nachzugeben.

Ich musste wohl eingeschlafen sein, denn irgend ein Schnaufen und Grollen holte mich zurück in den zu Ende gehenden Tag. Das Tageslicht hatte schon etwas an Kraft verloren, das Feuer war fast erloschen. Verschlafen blinzelte ich um mich und da sah ich ein riesiges Etwas gleich neben mir. Ich begriff erst nicht, rieb mir die Augen. Aber dann war es klar! Ich konnte ihn deutlich erkennen. Ein Grizzly stand vielleicht drei Meter neben mir und brüllte mich an. Ruckartig gefror das Blut in meinen Adern. So eine große Masse Bär hatte ich so dicht neben mir noch nie gesehen. Versteinert kauerte ich vor diesem Riesen. Ich kam mir so klein und mickrig vor, so bedeutungslos und erwartete starr vor Angst den Hieb seiner Pranke. Das Adrenalin hatte mich wie in eine Starre, eine Art Trancezustand versetzt. Mir war wie vor einer Hinrichtung. Ich kauerte vor meinem Vollstrecker und zitterte dabei auf eine eigenartige Weise. Meine Arme fest vor das Gesicht gepresst, dachte ich an nichts mehr. Ich konnte mich nicht bewegen. Alles war wie gelähmt. Nur das Zittern oder eher ein Durchrütteln bewegte mich. Aber genau weiß ich das alles nicht mehr so genau, nur, dass dieser Zustand so langsam unerträglich wurde. Ich hatte kein Zeitgefühl mehr. Wie lange wollte er es noch genießen, die Krönung der Schöpfung so zu demütigen? Ich merkte, wie sich etwas in mir aufbäumte. Urinstinkte keimten da wohl. Greift er nicht an, dann gehe ich zum Angriff über. Oder besser zur Flucht. Wie von selbst, ohne nachzudenken, ja, wie fremd gesteuert sprang ich auf, schrie aus Leibeskräften. Ich sprang mit einem riesigen Satz ins Wasser und landete etwas unsanft auf dem Bauch. Hier waren es bis zum Grund nur schätzungsweise zehn oder zwanzig Zentimeter und meine Landung war eher etwas hart. Allerdings spürte ich in diesem Augenblick keinen Schmerz. Blitzschnell stand ich wieder. Schreiend, die Arme weit ausgebreitet, vermutlich um mich größer wirken zu lassen, starrte ich ins Nichts. Wo war er?

Kein Bär war zu sehen. Wie lange habe ich da wohl gekauert und er ist einfach weggegangen? Mein Aufbäumen, der Sprung in den Fluss und erst jetzt spürte ich die Kälte des Wasser und den langsam aufkommenden Schmerz der geprellten Rippen - alles umsonst? Vielleicht stand er noch hinter einem Stauch und lachte sich halb tot. Erst viel später erfuhr ich, dass ich instinktiv genau das Richtige gemacht hatte. Mein Aufschrei und der Sprung ins Wasser waren überflüssig, ja, sogar gefährlich. Wenn der Bär noch vor mir gestanden hätte, würde er dieses Verhalten vermutlich anders werten und im Wasser wäre er auch schneller als ich. Was hatte der Schöpfer da nur fabriziert? Er nahm uns das Fell, die Kraft, die scharfen Zähne und gab uns dafür das Denken, ein Bewusstsein. Nun mussten wir uns aus dem Fell der anderen wärmende Kleidung herstellen, Messer zum Schneiden schmieden, Gewehre für die Jagd erfinden und Autos, um schneller zu sein. Aber in einer solchen Situation war ein hilfloses menschliches Geschöpf auf die Gnade eines Tieres angewiesen. Ich, ein zivilisierter, hoch gebildeter und kultivierter Mensch, wie stolz das doch klingt, das alles ist hier nichts, aber auch gar nichts wert. Hier zählt eine andere Bildung, andere Gesetze, die der Natur, des Ursprungs, von mir so Zivilisierten einfach vergessen, ja, arrogant als überflüssig in eine Welt verbannt, die mir nur noch aus dem Fernseher bekannt war. Und genau so benehmen wir uns dann, es ist alles so weit weg. Der Strom kommt aus der Steckdose. Wenn es kalt wird, dreht man den Griff der Heizung und wir schalten die Lampen an, wenn wir Licht brauchen. Nahrung gibt es im Überfluss, der Supermarkt ist gleich um die Ecke. Benzin gibt es an der Tankstelle, alles ist so selbstverständlich. Aber immer reicht es noch nicht, mehr und immer mehr muss es sein. Bedürfnisse werden geweckt, die eigentlich bei genauerer Betrachtung völlig überflüssig sind. Werbung ist das Zauberwort, eine pervertierende Industrie, die uns glaubhaft fast alles als notwendig und unverzichtbar anbietet und verkaufen will.

Dabei spielt es keine Rolle, dass auf der anderen Seite der Erde Menschen verhungern, Wälder zerstört, Menschen zu billigsten Lohnsklaven ausgebeutet und die letzten Naturvölker vertrieben und sogar, wenn nicht anders möglich, einfach getötet werden. Was interessiert es? Alles ist ja so weit weg. Und was können wir schon dagegen machen? Kein Verbrechen ist zu groß, wenn es um die Erschließung von Märkten, um Bodenschätze, deren Absatz, und um Profit geht, sowie die daraus entstehende Macht, die andere Seite dieser Fähigkeit Denkvermögen und der ganze Stolz der so genannten Zivilisation. Fortschritt wird so etwas gemeinhin auch genannt und von den meisten Menschen auch so begriffen. Ein trauriger Fortschritt, der unweigerlich zu noch mehr Elend, Unterdrückung, Unfreiheit und letztlich für die meisten in wirkliche Hilflosigkeit und totale Abhängigkeit führen wird. Verdrängen können wir jeden Tag, dass Millionen von Menschen schon in dieser Hilflosigkeit, in einem Chaos leben, dass jeden Monat hunderttausende Kinder verhungern. Aber gleichzeitig gibt es Menschen, die Hunderttausende jeden Monat mehr auf ihrem Konto haben.

Verdrängen, das können wir sehr gut und Hilflosigkeit, so glaube ich, ist nur eine Ausrede. Machen wir alle weiter so mit, werden wir immer dieser Verblödungsstrategie der so „um uns bemühten demokratisch gewählten Politiker" unterliegen!

Meine Wut über meine Hilflosigkeit und die nur langsam schwindende Angst ließen wohl solche Gedanken in mir keimen. Es war eine Art Aufbäumen und Abreagieren. Ein Stau, der aufgelöst werden musste. Noch eine ungewollte, von mir völlig unabhängige Reaktion hatte dieses Zusammentreffen mit Meister Petz ausgelöst: Mein Schließmuskel, sowieso überfordert, hatte wohl diesen Schockzustand nicht verkraftet und versagte seinen Dienst. Somit war das unfreiwillige Bad nun wieder gar nicht so verkehrt. Allerdings wusste ich nicht mehr, ob es noch neben dem Bären geschehen war, was mir sein plötzliches Verschwinden erklärt hätte.

Eine Weile stand ich in dem kalten Nass, untenherum entblößt und spülte meine Hose, immer in den Busch sehend und horchend. Langsam schlich ich zum Feuer, ständig auf der Hut und in Erwartung einer erneuten Bedrohung. Allmählich spürte ich wieder Leben in meinen Füßen und um die Lenden. Das sehr kalte Wasser hatte mir doch etwas zugesetzt, ich sah kurzzeitig eher wie ein Mädchen aus. Auch spürte ich den Schmerz im Bereich meiner Rippen nun erheblich stärker. Vorsichtig tastete ich sie ab, konnte zum Glück aber keinen Bruch erfühlen. Es blieb alles ruhig, vom Bären weit und breit nichts zu hören. Meine Angel fiel mir wieder ein. Wo war sie? Ich ging zu dem Stein, an dem ich die Schnur befestigt hatte. Regungslos lag sie im Wasser. Vorsichtig zog ich sie ans Ufer. Zu meinem großen Erstaunen hing da etwas am Haken, leblos zwar, aber irgendetwas war dran. Es war bereits dunkel und kurz bevor ich das Ende in der Hand hielt, sah ich die Bescherung: Dort hing nur noch der Kopf eines Fisches. Erst konnte ich es nicht verstehen, aber dann kam mir die Erleuchtung: Der Bär hatte mir den Fisch geklaut. Der hatte wohl am Haken gezappelt, sprang vermutlich an der Wasseroberfläche herum und machte so auf sich aufmerksam. Es war für den Bären eine leichte Beute, denn ich schlief. Da hat er eben die Situation genutzt und als ich erwachte, brüllte er mich an oder lachte mich eben aus. Ich hätte auch gelacht. Denn erst klaute er mir heimlich den Fisch, dann kauerte ich vor ihm wie ein Häufchen Unglück, als würde ich ihn anbeten, dabei zitternd wie Espenlaub, machte mir die Hosen voll und sprang wie ein Geisteskranker mit einem Riesensatz in zehn Zentimeter flaches Wasser und landete unsanft auf dem Bauch. Wenn das nicht komisch aussah? Egal, es war eben so. Ich hatte es überlebt und ein Bär hatte mich zum zweiten Mal beklaut. Nun stand es zwei zu eins für ihn. Denn ich hatte ihm die Keule vom Elch gestohlen. Ich ging einfach davon aus, dass es derselbe gewesen war, wobei ich das natürlich nicht wissen konnte. Aber Bär war Bär.

In dieser Nacht war nicht an Schlaf zu denken. Die Vorstellung auf einen gebratenen Fisch hatte mir doch etwas Appetit gemacht. Auch die Angst vor dem Bären hielt mich wach. Es war nur ein Dahindösen. Im Morgengrauen packte ich ein und verschwand schnell vom Ort der Blamage. Mir blieb nichts weiter übrig als wieder, so gut es ging, am Ufer des Flusses entlang zu laufen, bis ich eine geeignete Stelle zum Übersetzen fand. Heute wollte ich nur auf die andere Seite, mir ein Lager suchen, um hoffentlich ungestört angeln zu können. Ich musste unbedingt etwas essen. Meine Kräfte schwanden immer deutlicher. Da trug ich nun so schätzungsweise ein Kilo Gold im Gepäck und konnte damit nichts anfangen. Nur in der Menschengesellschaft hat es Wert und schafft so den genannten Wohlstand, vorausgesetzt, man hat genug davon. Mit dem Wert des Goldes könnte ich vermutlich monatelang fürstlich leben und vor allem speisen. Mir kamen nun meine Lieblingsgerichte in den Sinn. Ich konnte mich noch gut an die Thüringer Küche erinnern, vor allem an die Wurst. Sie war weltbekannt und das ist nicht übertrieben. Bratwurst, Thüringer Klöße, Kartoffelpuffer und die herrlichen Suppen, in all dem war meine Mutter eine Meisterköchin. Mein geistiges Auge breitete vor mir einen Tisch mit all diesen Herrlichkeiten aus und ich sah meine Mutter lächelnd zu mir sagen: „Nun iss, mein Junge, du siehst ganz verhungert aus." Mein Magen krampfte sich zusammen und ich musste meine Gedanken schnell in eine andere Richtung lenken, um nicht irgendwelche Angstzustände zu entwickeln. Die Gedanken an zu Hause kamen dazu. An meine Mutter, die ich doch einfach im Stich gelassen hatte. Das Leid, das ich ihr bestimmt bescherte. Einer Mutter, die trotz der vielen Verpflichtungen immer Zeit für mich hatte, sich liebevoll bis zum letzten Tag vor meiner Flucht um mich kümmerte, noch mit über siebzig Jahren mir die Wäsche wusch und bügelte, jederzeit für mich da war und sich für ihre zwei Söhne immer zurückstellte. All das versetzte mir nun einen Stich in meine schon demolierte Seele. Ich schüttelte die Gedanken von mir. Zum ersten Mal spürte ich Scham, so egoistisch meinem großen Kummer erlegen zu sein und mich so schwach der Hilflosigkeit hingegeben zu haben, ohne an die mich liebenden Menschen zu denken. Ich hatte es wohl immer verdrängt. Alles war überschattet von den Verlusten, dem Schmerz der vergangenen Jahre. Ich war damals schwach, hatte mich hängen lassen, aufgegeben und damit verloren.

Der Weg am Ufer entlang war sehr beschwerlich. Selten ging es bequem. Ich musste aufpassen, nicht zu stürzen oder mit dem Fuß zwischen den Steinen umzuknicken. Eine Verletzung konnte lebensbedrohlich enden und die schmerzenden Rippen reichten zudem. Bisher war es immer der natürliche, aber in meiner konkreten Situation unbewusste Selbsterhaltungstrieb gewesen, der Vorsicht walten ließ. Aber nun wollte ich einen Neuanfang, wollte ein neues Leben. Mit den Erkenntnissen der qualvollen Jahre, der Erfahrung der letzten Wochen und dem Gold sollte doch nun ein sinnerfülltes Leben, nach fünfzig Jahren, endlich möglich werden, aber eben ganz anders als früher.

Ich war wieder an eine sehr ruhige Stelle des Flusses angelangt. Erst jetzt kam mir der Gedanke, durch das Wasser zu gehen, anstatt auf einen umgestürzten Baum zu warten, der mir eine Brücke bot. Wenn es maximal bis zur Hüfte ging, war ein Durchschreiten möglich. Mein Gepäck musste ich unbedingt vor Nässe schützen. Seit Stunden war ich unterwegs. Das Wasser war mal wild, dann folgte es sehr ruhig seinem Bett. An beiden Seiten des Ufers war wie fast immer dichter Wald. Zum Wasser hin lagen Steine über Steine, umgefallene Bäume, hoch aufragende Wurzeln. Ab und zu war die Böschung einfach weggebrochen und das Wasser unterspülte die Uferregion, bis ein erneutes Stück nachgab oder eine Wurzel frei gespült wurde, um als bald einen Baum fort zu tragen. So veränderte sich stetig der Fluss und die Laune der Natur projektierte sich ständig neu. Nun musste ich wirklich bald auf die andere Seite. Meine Karte zeigte den Verlauf des Flusses und ich wusste so ungefähr, wo ich war. Noch einige Kilometer und das Gewässer verlief ein langes Stück in nordwestliche Richtung der Straße genau entgegengesetzt. Ich wäre zu weit abgedriftet.

Ich suchte einen langen Ast und stakste damit ins Wasser. Es war flach und es kam mir der Zufall mit einer weit in den Fluss ragenden Sandbank zu Hilfe. Hier folgte der Fluss einer leichten Biegung nach links und das ankommende Wasser hatte genügend Sand angespült. So war diese Sandbank oder besser Kiesbank entstanden, die bis in die Mitte des Flusses reichte. Es schien eine ideale Stelle zu sein. Also durch, aber schön langsam und immer prüfend, ob der Untergrund stabil genug war. Es waren nur noch einige Meter bis zum anderen Ufer, als ich doch bis zu den Hüften im Wasser versank. „Nur nicht noch tiefer“, dachte ich so bei mir, als ich plötzlich keinen Boden mehr fand und in der Flut versank. Im Augenblick wusste ich nicht, was geschah. Ich paddelte aus Leibeskräften, um mit dem Kopf aus dem Wasser zu kommen. Aber die Last war zu schwer. Sie zog mich mit der Strömung unter Wasser und ich war am Ersaufen. Blitzschnell trennte ich mich von meiner Kraxe und im selben Augenblick war ich mit dem Kopf mal über, dann wieder unter den nun hier schäumenden Wellen. Ich war einige Meter mitgerissen worden, denn an dieser Stelle war der Fluss wieder schnell, richtig wildes Wasser und ich war sehr zügig unterwegs. Tief Luft holend und einige Schlucke des kühlen Nass aus der Lunge hustend, sah ich noch die Kraxe davonschwimmen, während ich mich mit letzten Kräften ans Ufer rettete. An einer schmalen Stelle des Flusses war die Fließgeschwindigkeit durch die Einengung doch etwas größer und hatte das Flussbett tiefer ausgehöhlt. Sollte man eben auch wissen, wenn man einen Fluss durchqueren muss. Eine weitere Lektion in Sachen Wildnislehrstunde.

Panisch vor Angst, meine Ausrüstung verloren zu haben, merkte ich meine Erschöpfung nicht. So gut es ging, hastete ich triefnass am unwegsamen Ufer dem davon treibenden Bündel hinterher. Nach dieser leichten Linksbiegung staute sich das Wasser nach cirka einhundert Meter plötzlich. Ich sah mein Hab und Gut in einem Gewirr von Ästen und Wurzeln hängen, halb im Wasser und halb von der Wucht der auftreffenden Gischt nach oben geschoben. Ohne nachzudenken sprang ich wieder in die kalte Flut und hangelte mich an diesem künstlichen Wall zu meiner Ausrüstung. Der Druck des Wassers war hier sehr stark. Ich wurde in das Geäst gedrückt und musste aufpassen, nicht eingeklemmt zu werden. Mit einer Hand hatte ich bald mein Bündel in der Hand und war fest entschlossen, es auch nicht wieder loszulassen. Mit der anderen Hand hielt ich mich an einem dicken Ast fest. Aber das war es auch, mehr konnte ich nicht tun. So saß ich auch fest und brauchte ganz schnell eine gute Idee. Die Kraxe konnte nicht weg, sie hatte sich mit den Trägern festgehakt. Ich musste sie nun doch loslassen, um mit meiner langsam schwindenden Kraft nach oben in das Holzgewirr zu klettern. Ein kurzer, aber in Anbetracht meines immer schwächer werdenden körperlichen Zustandes, nun sehr anstrengender Kraftakt und ich war aus dem Wasser. Nun saß ich wie ein indischer Guru auf diesem Gebilde aus Ästen und versuchte, an die Kraxe zu kommen. Sie hatte sich so in den Zweigen verhakt, dass ich sie nicht abbekam, zumal das anströmende Wasser sie fest im Griff hatte. Kurz entschlossen griff ich zu meinem Messer und schnitt die Trageriemen durch. Sofort wollte sich alles wieder selbstständig machen. Doch ich konnte sie mit der linken Hand festhalten und hievte meine geliebte und lebensnotwendige Ausrüstung auf diesen Berg von Holz. Der Rest war nur noch ein sehr schmerzhaftes Klettern über dieses knorrige Etwas, hin zum rettenden Ufer.

Völlig erschöpft, triefend nass und unterkühlt sank ich am Ufer in den Sand, der hier aufgelaufen war. Wie lange ich so lag, wusste ich nicht mehr. Das Zittern meiner Glieder ließ mich langsam wieder zu mir kommen. Ich war am Ende. Keinen Meter konnte ich jetzt mehr laufen. Seit Tagen hatte ich nichts Richtiges mehr gegessen und nun dieser alles verzehrende Kraftakt. Als erstes brauchte ich ein Feuer. Ich musste wieder Wärme spüren, meine Sachen trocknen und vor allem mich wieder aufheizen. Die letzten Reserven mobilisierend, suchte ich Feuerholz und hoffte, dass die letzten zwei verbliebenen Feuerzeuge diesen Wassermassen widerstanden hatten. Vorsorglich waren sie immer wasserdicht verpackt. Aber konnten sie auch dieser Flut widerstehen? Sie funktionierten und ich war froh, hier ordnungsgemäß die Wildnisvorschrift beachtet zu haben. Langsam merkte ich wieder Leben in mir. Ich saß splitternackt am Feuer und hoffte, dass meine Ausrüstung schnell trocknete. So vergingen Stunden. Ich erlebte sie im Halbschlaf sitzend und kam immer zu mir, wenn ich auf die Seite kippte. Irgendwann, es war schon finstere Nacht, kroch ich in den noch klammen, aber durch das Feuer warmen Schlafsack, dachte an diesen verdammten Fluss, der mir nun ein zweites Mal den Garaus machen wollte und fiel in einen tiefen Schlaf. Als ich erwachte, war es heller Tag. Das Feuer war aus, aber es glimmte noch etwas unter der Asche und war schnell wieder entfacht.

Die Sonne versteckte sich hinter einem grauen Schleier. War es Vormittag oder Nachmittag? Der Tag war kühl. Ich warf noch einige Hölzer aufs Feuer, um es richtig warm zu haben und überprüfte meine mir verbliebenen Sachen. Das meiste war trocken. Sorgfältig baute ich mein Lager aus, denn ich wusste, dass ich hier wohl erstmal bleiben musste, mindestens so lange, bis ich wieder zu Kräften gekommen war. Ich spürte genau, wie schwer mir diese an sich leichten Arbeiten fielen und ich wusste, nur, wenn ich etwas zu essen finden würde, ein Fisch mir an die Angel geht, erst dann ging es weiter. Wenn nicht, daran wollte ich jetzt nicht denken. Die Angel war ausgelegt und ich erkundete die nähere Umgebung. Jeder Schritt war wie eine Last. Der Atem stach in der Brust. Mir wurde öfter schwindlig und ich musste immer wieder pausieren. So saß ich auf einem umgestürzten Baum, um auszuruhen. Weit war ich nicht weg vom Lager, traute es mir nicht, immer in der Hoffnung, etwas Essbares zu finden. Ich klappte nach vorn, meine Ellenbogen lagen auf meinen Knien und mein verschwommener Blick fiel direkt vor mir auf den Waldboden. Plötzlich traute ich meinen Augen nicht. Der Blick wurde klarer und die Augen immer größer. Direkt vor mir stand ein Pilz, ein Riesenpilz. Gleich, einen Meter weiter der nächste und noch einer und noch einer, ein ganzes Heer von Pilzen. Mein Kochtopf war im Nu voll. Leider hatte ich auch sehr wenig Ahnung von Pilzen. Maronen und Pfifferlinge

hatte ich mal vor vielen Jahren gesammelt. Diese sahen zwar so aus wie Maronen, aber genau wusste ich es nicht, ob es auch welche waren. Egal, entweder ich sterbe nun vor Hunger oder Erschöpfung oder wegen einer Pilzvergiftung. Sie sahen gut aus, rochen gut, also vorsichtig ausprobieren. Als ich zum Lager zurückkehrte, zappelte es auch an der Angelschnur und ein stattlicher Fisch hatte sich für mich geopfert. Ich bedankte mich bei ihm und es dauerte nicht lange, bis er in meiner Pfanne brutzelte. Die Pilze schmorten im Topf gleich neben dem Fisch und mein Weiterleben war gesichert. Verführerischer Duft stieg mir in die Nase.
Es sah so aus, als ob es schon wieder dunkel werden würde. Etwas misstrauisch beäugte ich meine Umgebung. Der Duft konnte auch für einen Konkurrenten sehr verführerisch sein und meine Erlebnisse mit Meister Petz sollte ich für den Rest meines Lebens nie wieder vergessen. Die fortgeschrittene Tageszeit bedeutete, dass ich fast den ganzen Tag verschlafen hatte. Aber das war kein Wunder, nach diesem Abenteuer im Fluss, auf das ich liebend gern verzichtet hätte. Dieser verdammte Fluss hatte mich zweimal geprüft und auch zweimal hatte ich diese Prüfung bestanden. Oder besser, er hatte mich beide Male auf meine Ahnungslosigkeit hingewiesen und nur meine letzten Reserven hatten Schlimmeres verhindert. Nur gut, dass ich jahrelang mein fast schon verbissenes Training durchgehalten hatte, nur das Anwenden meine Selbstverteidigungskenntnisse, die auch ständig zum Training gehörten, wären bei dem Grizzly vermutlich schon im Ansatz vergeblich gewesen.

Der Fisch war fertig und die Pilze wohl auch. Als erstes verspeiste ich ein Stück von dem Fisch, das sollte nach dieser langen Zeit ohne richtige Kost genügen. Es sollte doch alles im Magen bleiben und gut verdaut für erneute Kraft in mir sorgen. Bei den Pilzen war ich vorsichtig. Nur ein kleines Stück wollte ich testen und abwarten, was passieren würde. Komischerweise war ich auch satt, hätte nicht mehr essen können. So fütterte ich nur noch das Feuer, kroch in den Schlafsack und schlief sofort ein. Ich schlief tief und fest, traumlos in den neuen Tag. Ab da ging es mir schon wesentlich besser und ich saß bereits wieder am Feuer, um den Rest des Fisches zu genießen und etwas mehr von den Pilzen, die sehr lecker schmeckten. Diesen Tag wollte ich noch hier verbringen, um morgen hoffentlich wieder etwas gestärkt meinen Marsch in Richtung Menschheit fortzusetzen. Den gefährlichsten Teil hatte ich nun überstanden. Nun ging es immer weiter Richtung Süden, der Straße entgegen. Ich konnte es kaum erwarten, dem ersten Menschen nach meiner erneuten Wiedergeburt zu begegnen. Erneut warf ich meine Angel aus und suchte die Umgebung nach weiterem Essbaren ab. Pilze gab es im Überfluss und ich fand noch herrlich süß schmeckende Heidelbeeren. So konnte ich überleben. Mutter Erde meinte es wieder gut mit mir und ließ mich trotz meiner großen Ahnungslosigkeit weiterleben. Wie großzügig sie doch war!

Erst jetzt schärfte sich mein Blick für dieses Fleckchen Erde, auf das ich mein Lager errichtet hatte. Satt und zufrieden, sicher in der Überzeugung, bald wieder bei meines Gleichen zu sein, genoss ich diesen Augenblick mit einer tiefen Ruhe und Gelassenheit. Ein Stadtmensch, der ich nun mal war, wusste nur zu gut, dass das Leben in der Menschengesellschaft sehr angenehm und leicht war, gut organisiert und mich mit allem versorgte, was man so zum Leben brauchte. Diesen Wert konnte ich erst durch Entbehrungen gerade der letzten Tage so richtig begreifen. Wie ideal konnte man sich alles gestalten, jeder so für sich, ganz nach seinen Bedürfnissen, ob eben ein Leben nur in der Stadt oder auf dem Land oder so wie meine neuen Vorstellungen des zukünftigen Lebens, die langsam in mir reiften, etwas weiter draußen am Rand dieser Zivilisation. So wollte ich beides genießen, ein naturverbundenes Leben und auch die Annehmlichkeiten der Zivilisation in Anspruch nehmen. Ich war in diese Menschenwelt hinein geboren und habe dort fünfzig Jahre gelebt, wurde zu einem gesellschaftlichen Wesen und werde es nun auch bleiben. Wie schön könnte doch alles sein, wenn wir mit dieser Natur richtig lebten und umgingen. Wenn wir ihre Geschenke sorgfältiger entgegennehmen würden, den Fortschritt maßvoll organisierten, ihr nur das entnehmen würden, was wir wirklich brauchen! Auch so wäre dieser Fortschritt und unser Leben möglich. Das Leben aller Menschen könnte wesentlich harmonischer verlaufen, ohne Hunger und Kriege, ohne Profitgier und Machtwahn, ohne diese Lächerlichkeit des Scheins eines dekadenten Teils der Gesellschaft! Ja, da war ich wieder bei der Kehrseite dieser „Zivilisation“, eine Seite, die ich, nun erst recht, zutiefst verabscheute. Ich wusste um die Umweltverbrechen, die ausschließlich aus Gier und Machtgeilheit verübt wurden. In den vergangenen Wochen konnte ich diesen Ursprung, unser aller Paradies erleben, aus dem das Leben erst möglich wurde. Doch wie danken wir es unserer Schöpfung?

Von nun an war ich oft hin und her gerissen, von den Errungenschaften der Menschen, von der Wissenschaft und den daraus immer wieder neu entstehenden Möglichkeiten, das Leben angenehmer zu gestalten, von Literatur und Philosophie, Sport und Kunst und all den Dingen, die das Leben bereichern und dieser ekelhaften Kehrseite, die es eigentlich nur zu bekämpfen gilt. Mir ist klar, dass alles sehr viel komplexer ist und nicht alles nur in Gut und Böse geteilt werden kann. Jeder Mensch nimmt auf Grund des nur ihm eigenen Bewusstseins die Welt auch nur für sich wahr. Dieses Sein macht eben das Bewusstsein wieder aus. Aber wir sind alle Menschen und wenn man so will, auch nur ein Volk- das Volk der Menschen. Das auch so zu begreifen und vor allem auch zu leben ist wohl das Einfache, das so schwer zu machen ist!

In diese Gedanken versunken streifte mein Blick wieder den Fluss und das andere Ufer, das steinig eine Böschung ergab und den dichten Wald dahinter, aus dem ich gekommen war. Weiter flussabwärts begann eine Felsformation, die ich vermutlich nicht überwunden hätte, wäre ich auf der anderen Seite geblieben. Es war ein majestätischer Anblick, dieser zerklüftete längs und quer eingerissene Fels, der bestimmt fünfzig Meter steil aufragte. An einigen Stellen wuchsen kleine Bäume und Sträucher aus ihm heraus und im unteren Bereich, dort, wo die Wassermassen an ihm vorbeisausten, war er glatt geschliffen. Hier war deutlich zu sehen, dass bestimmt zur Schneeschmelze der Wasserstand um fast zwei Meter höher sein musste. Auf meiner Seite sah es aus wie überall. Unwegsamer dichter Wald, immer in der Hoffnung, dass irgendwo ein Tierpfad oder eine größere Lichtung das Gehen erleichtern würde.

Wieder hatte ich Anglerglück. Ich brauchte es auch, denn die noch vor mir liegenden und wenn meine Kar-

te recht behielt, guten vierzig Kilometer bis zur Straße wollte ich nun ohne weitere große Unterbrechungen absolvieren. Wenn alles gut klappte, könnte ich es in drei oder vier Tagen geschafft haben. Doch dafür brauchte ich etwas Marschverpflegung. Die Pilze würden reichen, zwei gebratene Fische und zum Nachtisch Heidelbeeren. Zwar etwas einseitig, aber zum Überleben völlig ausreichend. Eine Nacht wollte ich noch hier verbringen. Der Tag ging ohnehin schon wieder zu Ende.
Der Abschied von diesem Fleckchen Erde sollte mir besonders schwer fallen. Den ganze Tag über war es trübe geblieben, einer der Tage, an denen man gern im Bett geblieben wäre und ihn lieber mit seinem Mädchen verbacht hätte, sofern man eines hatte. Nun entstand so eine Gedankenpause, wieder so ein Hinübergleiten in ein vergangenes Leben. Augenblicklich spürte ich das andere verlorene Paradies, das ich erleben durfte, sah ich Anke neben mir liegen, diesen schönen Körper, der sich an mich schmiegte. Ihre wunderschönen Augen so nah, ihre Hände an mir, ihren Schoß an meinem spürend… „Verflucht, verflucht und verdammt, diese Phantasie," dachte ich, zerschmetterte mit aller Macht diese Gedanken. Es ist nun gut und es ist vor allem vorbei, endgültig vorbei… Als wenn mir abermals jemand in diesem Augenblick ein Zeichen geben würde, das Verdrängen bekräftigen wollte, fingen die Felsen gegenüber an zu leuchten, um mich endgültig und mit aller Kraft in das Hier und Jetzt fest zu platzieren. Mir war, als hörte ich eine innere Stimme: „Das ist jetzt dein Leben, sieh genau hin. Alles andere ist Vergangenheit. Du hast genug gelitten, genieße den Augenblick!"

Die Sonne hatte einen Weg hinter den düsteren Wolken zu mir gefunden, mir diesen letzten Abend hier an diesem herrlichen Platz wie eine Bühne erscheinen lassen. Eine Symphonie der Farben schimmerte am Fels. Die wie silbern glänzenden Wellen des Flusses projizierten ein Flimmern dazu. Es bot sich ein Panorama, das kein Künstler besser gestalten konnte, ein Meisterwerk der natürlichen Kreativität. Ich genoss diese Naturinszenierung, bis die Sonne verschwand. Wie berauscht von diesem Schauspiel schwebte ich hinüber in den Schlaf.

Wieder war ich unterwegs. Es ging recht zügig voran. Mein Körper hatte sich etwas erholt und es sollte mit der Kraft bis zur Straße reichen. Immer wieder fand ich einige Beeren, fing einen Fisch und füllte die verbleibende Leere im Magen mit Wasser. Es blieb der dichte, unwegsame Urwald. Einige Kilometer vor der Straße legte ich eine letzte Rast ein. Ich hatte seit dem unfreiwilligen Bad an diesem Fluss keinen Tropfen Wasser an meinen Körper gelassen. Die einzige Feuchtigkeit war der Schweiß, der immer in Strömen floss. Morgends nach dem Aufstehen fröstelte mir und ich packte mich warm ein. War ich dann einige Zeit unterwegs, wurde es warm, manchmal sehr warm und ich fing an zu schwitzen. Zum Pausieren und Umziehen hatte ich keine Lust. Meistens war ich gut im Tritt und solche Pausen machten auch oft lustlos, weiter zu gehen. So ertrug ich die innere Feuchte und trocknete meine Unterwäsche über Nacht am Feuer. Da ich allein war, brauchte ich keine Rücksicht auf unangenehme Gerüche zu nehmen und sich selbst kann man ja bekanntlich am besten riechen. Mein Bart war gut gewachsen, etwas ungleichmäßig, aber schön wild, mit toten Mücken versehen, die ich täglich zu hunderten an mir

zerschmetterte. Dazu meine Haarpracht, ich hatte mich nur sehr selten gekämmt. So blieben für diese Gegend keine Wünsche offen und ich war voll im Modetrend eines Wildnisschönheitsideals. Um es auf den Punkt zu bringen: hätte ich mich so an die Straße gestellt, wären wohl alle Fahrzeuge weitergefahren. Ich sah aus wie ein Urwaldmonster. Und hätte doch einer den Mut gehabt mich einsteigen zu lassen, dann hätte er mich nach spätestens zwei Minuten wieder rausgeschmissen. Mein Deo hätte bestimmt seine Gesichtsfarbe geändert.
Also, eine letzte größere Pause wurde dringend notwendig, wollte ich eine Chance haben, von den Menschen wieder aufgenommen zu werden. Es bot sich ein schöner sehr kleiner See an mit einem herrlichen Plätzchen zum Verweilen, die richtige Umgebung für Frisör, Maniküre und ein Vollbad nebst Rasur. Auch diesen See konnte ich in der Karte ausmachen und wusste, dass es nicht mehr weit bis zur Straße sein konnte. Als nun Wildnis erprobter Fachmann baute ich mit Leichtigkeit und Selbstsicherheit mein Lager. Es war schon anders als noch vor Wochen, als ich immer überlegen musste, wie ich was und möglichst auch gut machte und ahnungslos auf jedes Geräusch hörte. Auch war mein Seelenzustand ein völlig anderer. Es war irgendwie alles komplett neu, dieses Leben. Ich war in einer freudigen Erwartung und neugierig. Bei längerem Hineinhorchen in diese neuen Gefühle stellte ich mir die Frage, wie es eigentlich weitergehen sollte. Da wartet keiner auf mich, die werden mich nicht mit offenen Armen empfangen. Für die Menschen hier werde ich ein Tourist sein, ein etwas eigenartiger zwar, aber nur ein Tourist. Der war ich aber nicht, wollte auch keiner sein! Ich wollte … ja was wollte ich, was wollte ich

eigentlich machen, wie sollte es weitergehen? Das Gold verkaufen, dafür eine neue Ausrüstung erwerben, richtig satt essen, ein paar Tage ordentlich wohnen, baden und wieder baden und noch mal baden! Und dann… zurück zur Mine, alles rausholen. Und dann …?

So einfach würde das alles nicht werden. Man wird mich fragen, wo ich das Gold her habe. Vielleicht durfte ich das gar nicht fördern, als Ausländer, vermutlich braucht man eine Genehmigung. Und bekomme ich die als Deutscher? Bestimmt war diese Mine noch im Besitz eines Kanadiers. Plötzlich stellten sich Fragen über Fragen. Es beschäftigte mich nun alles so sehr, dass ich meine schöne Lagerstelle gar nicht richtig wahrnahm. Aber was sollte ich machen, ich musste in die Stadt und versuchen, das Gold zu Geld zu machen. Entweder ich werde verhaftet oder ich kann es verkaufen. Es blieb mir doch nichts weiter übrig, ich musste alles auf eine Karte setzten.

Ich kämpfte mich durch dichtes Unterholz. Die Straße wollte und wollte nicht kommen. Konzentriert lauschte ich immer und immer wieder in die Richtung, wo sie nun bald auftauchen musste, aber nichts war zu hören. Doch irgendwo musste sie ja sein. Verlaufen hatte ich mich nicht. Seit dem letzten See war ich immer Richtung Süden gegangen. Nach der Karte, musste hier irgendwo die verdammte Straße sein! Dann sah ich durch die Bäume eine Lichtung. Dort wollte ich noch einmal rasten und die Karte studieren. Als ich sie betrat, stand ich auf der heiß ersehnten Straße. Die letzten Stunden hatte ich an nichts anderes gedacht als an diesen Augenblick. Nun stand ich hier und spürte die Zivilisation und konnte es einfach nicht fassen. Wie ein kleiner Junge beim Hüpfekästchen sprang ich in den Staub und eine eigenartige Freude beherrschte mich. Ich lachte in die Sonne und schlenderte in Richtung Menschheit. Es war eine Wohltat, auf einer Straße zu laufen und ich war in gespannter Erwartung, das erste Fahrzeug zu sehen. Ob es wohl anhielt? Mein Outfit war eigentlich ganz annehmbar, so Trapper ähnlich.

Stunden waren vergangen und kein fahrbarer Untersatz war gekommen. Bis zur nächsten Ortschaft, einem Indianerdorf, waren es mindestens sechzig Kilometer. Genau konnte ich es nicht ermitteln, wo ich mich befand. Die Karte hatte zwar einen geeigneten Maßstab, aber ich konnte nicht erkennen, wo ich aus dem Wald getreten war. Somit konnte ich auch nur die Entfernung bis zur Ortschaft schätzen. Falls ich geradlinig vom letzten See zur Straße gelangt war, trennten mich ungefähr diese sechzig Kilometer vom ersten ersehnten Ziel. Wenn ich sechs Kilometer die Stunde lief, war ich schon zwanzig Kilometer unterwegs. Auch das konnte ich nur vermuten. Aber mein Gefühl hatte sich in den letzten Wochen geschult und ich glaubte, dass es so war. Dann war ich an einer scharfen Rechtskurve, die am Ende über eine Brücke führte. Hier waren rechts und links der Straße größere Holzeinschläge und der Blick war frei. Das musste in der Karte zu erkennen sein. Die Kurve und Brücke hatte ich sofort ausgemacht. Nun wusste ich, wo ich war und es war etwas ernüchternd. Vermutlich war ich im Urwald etwas weit nach links, also in östliche Richtung abgedriftet und war noch gute siebzig Kilometer vom Ort entfernt. Das erklärte die doch noch lange Zeit, die ich im Busch unterwegs war und oft war ich unwegsamen Stellen ausgewichen. So trat ich eben weiter östlich als gedacht aus dem Busch.

Es half nichts, weiter und weiter, einfach immer nur laufen. Irgendwann wird ein Auto kommen und mich hoffentlich auch mitnehmen. Schon lange wusste ich nicht mehr, welcher Tag war und welches Datum gerade geschrieben wurde. Aber langsam wurde ich doch neugierig, wie lange ich eingetaucht war und wie lange die Schwangerschaft für das neue Leben gedauert hatte. Die Schöpfung hatte mich wie in einer Fruchtblase aufgenommen und als Fötus im Leib der kanadischen Wildnis, neu entstehen lassen. Aber war ich wirklich schon neu geboren? Oder sollte es immer mal wieder Rückschläge geben und die Niederkunft musste noch auf sich warten? Die von der Natur vorgeschriebene Schwangerschaftsdauer von neun Monaten hatte ich noch nicht erreicht. So lange war ich nicht unterwegs. Aber in meinem speziellen Fall würde sich mein neuer Geburtstag anders berechnen lassen.

Ich konnte nur schätzen, wie lange ich bereits unterwegs war, denn das Zeitgefühl hatte ich schnell verloren. Damals gab ich mir auch keine Mühe, denn bei meinem ursprünglichen Vorhaben spielte nur noch die Ewigkeit eine Rolle. Somit verdrängte ich alles, so gut es ging, bis auf die Gedanken an Anke, um den Weg in die ewigen Jagdgründe auch nicht zu verlassen. Irgendwann werde ich ihn beschreiten müssen, wie jeder. Aber nun hoffte ich, dass dieser letzte Weg noch in weiter Ferne lag und mir das Leben noch einmal eine Chance geben würde. Aus Langeweile kramte ich in meinem Gehirnskasten herum, wie lange ich wohl unterwegs gewesen sein könnte und kam so auf maximal zwei Monate. Aber ich war mir wirklich nicht sicher und sollte es ohnehin bald erfahren. Also fröhlich weiterlaufen und auf ein Fahrzeug hoffen.

Seit einigen Tagen dachte ich nun wieder verstärkt an meine Familie, die ich einfach so verlassen hatte. Was würden sie wohl machen? Glaubten sie, dass ich verschollen sei und würden sie mich suchen lassen? Nur mein Bruder konnte sich denken, wo ich war. Wieder merkte ich ein beklemmendes Gefühl bei dem Gedanken, wie es meiner Mutter in den letzten Monaten ergangen sein musste. Alle kannten meine seelische Verfassung und ich konnte nur hoffen, dass sie glaubten, ich sei auf einer großen Reise, um Abstand zu gewinnen, um zu vergessen. Aber sie haben niemals von mir gehört und machten sich bestimmt große Sorgen. Ich wusste, dass mein Bruder sie beruhigte und in dem Glauben ließ, dass ich irgendwann wieder auftauchen würde, was nun in Anbetracht meiner bevorstehenden Neuerschaffung auch geschehen würde. Oder war es besser, als verschollen zu gelten? In diesem Augenblick war ich mit diesen Gedanken noch überfordert. Die Zukunft würde es entscheiden. Aber ich hatte ein wirklich mieses Gefühl, denn es war doch egoistisch von mir, alle im Stich zu lassen und eigentlich auch schwach, so zu entscheiden, das wusste ich jetzt. Damals war ich eben am Ende. Nur - ob das jemand verstehen konnte? Ich glaubte, ich hatte mich damals immer nur um mich gekümmert. Ich wollte alles und als ich es nicht bekam, wollte ich sterben. Dabei zerfloss ich im Selbstmitleid, dachte nicht an die Menschen, die mich wirklich liebten. Und der Mensch, den ich so sehr liebte, wegen dem ich diese ganze Aktion veranstaltet hatte, war vermutlich mit einem anderen glücklich. Schamgefühl stieg in mir hoch, denn ich hatte einfach meine Liebe zu mei-

ner Familie ausgeblendet. Ich dachte überhaupt nicht an das Leid, das ich über einige gebracht hatte. Wie würde es ihnen wohl gehen?
Wieder dachte ich an meine Eltern, meinem Bruder und an meine Kinder. Nun würgte es ganz stark in mir und die Augen wurden etwas feucht. Was war ich nur für ein Mensch? Konnte ich meine Erleuchtung nicht auch zu Hause erlangen? War das alles wirklich so notwendig gewesen? Nun war es zu spät, darüber zu philosophieren. Ich hatte es getan und jetzt galt nur noch eines: ich musste aus dieser Situation das beste machen. Ja, ich war mir sicher. Ich wollte alles wieder gut machen. Und bei aller Tragik hatte ich sogar eine neue Chance erhalten. Ich lebte, war hoffentlich neu geboren und im Begriff, noch einmal ganz neu anzufangen. Nun wollte ich endlich meine Berufung leben. Ich kannte sie genau, schon mein ganzes Leben, hatte sie nur immer wieder verschüttet. Andere Dinge waren scheinbar immer wichtiger, denn man musste ja auch leben, möglichst gut und immer besser und vor allem immer schneller viel Geld verdienen. In dieser Schnelligkeit raste ich am wirklichen Leben vorbei. Auch ich war Opfer von Erziehung, Manipulation, dem vorgegaukelten Leben. So entstanden Glaubenssätze, die sich fest verankerten und ich ging davon aus, dass nur so das Leben ist. Ich musste lernen, was ich nicht wollte, wurde gezwungen, an meinen Schwächen zu arbeiten und vernachlässigte so meine Stärken. Ich wurde ein ganz normaler Mensch. An diesem Tag fingen Gedanken an in mir zu reifen, die mich nie wieder loslassen sollten. Nie hatte ich etwas hinterfragt. Alles immer als normal hingenommen, weil es die meisten so taten. Es war eben so, aber was viele tun, muss nicht zwangsläufig auch richtig

sein. Das weiß ich heute, doch damals schwamm ich mit in dem Fahrwasser des meist übergestülpten Lebens.

So sprudelten die Gedanken beim Fußmarsch auf dieser einsamen Straße und es wurde Zeit, diesen Tag ausklingen zu lassen. Es dämmerte bereits und weit und breit war nichts zu sehen oder zu hören, was auf ein Fahrzeug schließen ließ. Also noch einmal ein Lager bauen, Feuer machen und essen. Nun wurde es wirklich etwas eintönig, denn wieder gab es Fisch, Pilze und Beeren. Aber der Hunger trieb es rein. In der Hoffnung einer schnellen Mitfahrtgelegenheit hatte ich schon mal über ein Steak nachgedacht, das ich mir nach dem Eintreffen in dieser Indianersiedlung erschnorren könnte. Diese Vorstellung wirkte wie ein Magnet, denn am folgenden Tag setzte ich meinen Marsch sehr zeitig und vor allem zügig fort. Diese Straße, nein, ein breiter Schotterweg, der groß genug war, dass zwei Lkws gefahrlos aneinander vorbeifahren konnten, war so staubig, dass sogar meine Schritte eine kleine Wolke loswirbelten, die sich aber hinter mir in der leichten Brise schnell wieder auflöste. Ein Fahrzeug erzeugte bestimmt eine Staubfahne, die hunderte Meter weit zu sehen war. So lief ich, immer in der Hoffnung, bald ein Fahrzeug zu hören. Aber außer dem Rauschen des Windes konnte ich nichts anderes wahrnehmen. Ich zählte die Schritte und immer bei hundert streckte ich einen Finger. So waren es bei allen gespreizten Fingern zirka eintausend Meter. Aber auch das wurde mit der Zeit zu langweilig und meine Gedanken glitten zurück zu den gestrigen Überlegungen über das normale Leben und meiner eigentlichen Berufung. Hier und jetzt wurde es mir klar, dass vermutlich jeder Mensch mit einer bestimmten Gabe zur Welt kommt. Aber die Tragik dabei ist, dass nur die wenigsten von dieser Gabe wissen und wenn, dann sich nicht trauen, sich dieser Begabung hinzugeben, weil sie glauben, damit entweder kein Geld verdienen zu können oder es sich meist ausreden lassen. Andere nehmen sich oft das Recht, besser in dem Leben des eigenen Kindes oder Freundes oder wem auch immer Bescheid zu wissen. Und das sogar noch mit ehrlicher Überzeugung und nur gut gemeint, weil auch sie ihr eigenes Leben nach dem gewohnten Schema eingerichtet haben und weil es schon immer so war. Oft erscheint auch der intuitive Wunsch nach Verwirklichung als unnormal und Spinnerei. Er wird meistens schon im Keim erstickt, weil es doch nicht ins vorgelebte Raster passt. Aber was ist schon normal und wer bestimmt das? Vermutlich wird das normal, was die Masse tut und das wird dann eigenartigerweise zur Norm erklärt. Wer von dieser Norm abweicht oder sogar so stark abweicht, dass es auffällt, weckt leicht Misstrauen. Er gilt aus Außenseiter oder eben als Verrückter, wird oft ausgegrenzt und von den Normalen sogar gemieden oder verlacht, im Extremfall sogar verfolgt.

Ja, auch ich war so ein Normaler und habe oft arrogant über solche Typen gespottet, weil sie anders waren, eben nicht normal. Aber es sind eben diese Menschen, die sich nicht einbinden lassen, die an bizarren Ideen tüfteln, sich unbeirrbar ihrem Ziel widmen, kreativ, originell und bestimmt auch voller Selbstironie sind. Sie heben sich von der Masse ab. Ich glaube nicht, dass sie es nur tun, um anderen zu imponieren, solche wären nur Wichtigmacher. Nein, diese Abweichler interessiert es nicht, was andere über sie denken. Ich glaube, solche Menschen sind wirklich glücklich, weil sie zum Ausleben ihrer Anlagen Mut,

Kreativität und ein stabiles Selbstbewusstsein brauchen. Menschen, die aus innerer Überzeugung so leben, sind bestimmt seelisch gesünder und zufriedener als angepasste fremdbestimmte Konformisten. Es kann nur so sein. Deshalb glaube ich jetzt, dass ich diese Grenze geistig, aber auch praktisch überschritten, ja, begriffen habe, dass es für mich an der Zeit ist, diese Normalität über Bord zu werfen. Endlich mich nun nach diesem Erlebnis und der emotionalen Gesundung nur noch dem zu widmen, was mir wirklich Spaß macht, auch, wenn es den bürgerlichen Vorstellungen und Normen widerspricht. Ich werde mich niemals wieder in ein gesellschaftliches Korsett zwingen lassen, auch, wenn die ganze Welt behauptet, dass dies doch so sein müsste, es schon immer so war, nur weil die Masse es auch so tut.

Jeder ist seines Glückes Schmied. Und ich nehme mir in Zukunft das Recht und die Freiheit heraus, mein Leben nach meinen Wünschen zu gestalten. Ich kann tun und lassen, was ich will, nur mit einer Einschränkung: keinen anderen dabei zu schaden, nicht der Natur und nicht einem anderen Menschen. Das sollte ab nun mein ganz persönliches Grundgesetz werden. Ich war nun nach den Erlebnissen der letzten Wochen und diesem sehr einfachen, naturverbundenen Leben zutiefst davon überzeugt, dass Erfolg nicht zwanghaft nur darin bestand, viel Geld zu besitzen und anderen Menschen beweisen zu müssen, wie gut man lebt und was für ein toller Kerl man ist. Erfolg sollte sich nun für den Rest meines Lebens in der Befriedigung meines Tuns definieren. Nie wieder würde ich mich dem Status unterwerfen, nie wieder würde ich mein Leben zum Vorzeigen gestalten. Es wird mir egal sein, welcher Wochentag ist. Jeder meiner Tage soll mich ausfüllen. Meine Tätigkeit soll meiner Berufung entsprechen und wie das geht, davon habe ich einen kleinen Einblick bekommen. Selbst bei diesem wirklich asketischen Leben der letzten Wochen hatte ich doch schon einige Glücksmomente, egal, welcher Tag es auch immer war.

Ruckartig wurde ich aus meinen Gedanken gerissen. Ein anderes Geräusch wie das des Windes erreichte mich. Im selben Augenblick drehte ich mich um. Und wirklich, eine Staubfahne zog sich hunderte Meter hinter einem Fahrzeug her und das Motorengeräusch war deutlich auszumachen. Von hier aus konnte ich die Strasse weit einsehen. Dem Staub und Geräusch nach zu urteilen musste es sich um ein großes Fahrzeug handeln. Es dauerte noch eine Weile, bis ich die Bremsen des LKW hörte und der Fahrer genau neben mir zum Stehen kam. Die Staubwolke überholte nun diesen riesigen Transporter und ich kniff die Augen fest zu. Glücklicherweise ging ein gutes Lüftchen und die Sicht wurde schnell wieder klar. Auch jetzt erst öffnete der Fahrer die Tür und begrüßte mich freundlich. „Was machst du denn hier draußen in der Einöde?“ fragte er lächelnd.

„Ich war einige Wochen hier unterwegs und möchte nun zurück“, antwortete ich, in der Hoffnung, mitgenommen zu werden.

„Du bist wohl nicht von hier?“, fragte er neugierig und hatte bestimmt an meinem Dialekt den Ausländer erkannt.

„Nein, ich bin aus Deutschland und habe mir einen großen Wunsch erfüllt, einmal alleine für ein paar Wochen in der Wildnis zu leben.“

„Ihr seit schon verrückt, ihr Touristen“, antwortete er mit einem Kopfschütteln. „Steig ein, ich nehme dich bis zur

Ortschaft mit.“ „Besten Dank, du bist meine Rettung. Ich habe schon seit fast zwei Tagen auf ein Fahrzeug gelauert.“

Was für ein Gefühl! Ich saß in einem Polster, wie auf Wolken kam ich mir vor und der Geruch in der Fahrerkabine, irgendwie war alles schon so fremd geworden. Der Motor heulte auf und los ging es. Ich hatte schon vergessen, wie bequem es sein kann, so weich zu sitzen und vor allem zu fahren statt zu laufen. Der Wald schoss an mir vorbei und es wurde mir direkt etwas schwummrich. Aber nach einigen Kilometern war alles schon wieder ganz normal. Wie schnell das doch geht, mit der Gewöhnung an die Bequemlichkeit.

„Übrigends, ich heiße Jack.“

„Oh, Entschuldigung, mein Name ist Michael“, antwortete ich etwas verlegen, „Ich habe so lange mit keinem Menschen mehr gesprochen, da wird man direkt etwas unsicher.“

Er lächelte zu mir rüber. Jack war so Mitte Vierzig, von kräftiger Statur, hatte aber einen richtig gutmütigen Gesichtsausdruck. Unrasiert und das verzauste dunkle Haar ließen erkennen, dass er wohl oft allein und weit weg von der Zivilisation unterwegs war. Er saß ganz locker in seinem Sitz, hielt das große Lenkrad lässig mit einer Hand und schlürfte nebenbei seinen Kaffee. Man merkte, dass dieser riesige Brummer oft sein Zuhause sein musste. Er war richtig gemütlich zurecht gemacht. Hinter mir ein Vorhang und dahinter wohl die Schlafkabine. In einer Halterung stand eine Thermosflasche und daneben noch eine Flasche, bestimmt mit Wasser. Ich entdeckte ein Funkgerät, auch ein Handy und einige bunte Zeitschriften lagen gleich neben ihm. Links oben an der Windschutzscheibe war ein Bild befestigt, eine hübsche Frau und ein kleines Mädchen lächelten ihn so immer an. Er bemerkte meine wandernden Blicke, lächelte wieder und zeigte auf das Bild. „Meine Frau und meine Tochter, bekomme sie nur so selten zu sehen. Vor allem jetzt um die Zeit, da bin ich nur auf Achse, ach, entschuldige, möchtest du auch einen Kaffee?"

„Oh ja, sehr gern, danke." Kaffee, wie lange hatte ich keinen getrunken! Er schmeckte bitter, musste mich wohl erst wieder an diesen Geschmack gewöhnen und wie gerne habe ich früher Kaffee getrunken. „Und im Winter, fährst du dann auch?", fragte ich neugierig, auch um ins Gespräch zu kommen.

„Nein, im Winter geht das hier nicht, da ruht die Arbeit. Ich mache dann Urlaub, freue mich, mit meiner Familie zusammen zu sein und verdiene mir ein paar Dollar mit Fellen."

„Als Trapper ?"

„Nein, nicht als Trapper, es reicht die Einsamkeit über den Sommer, meine Frau hat einen kleinen Laden mit allerlei Krimskrams, Anglerzubehör und so etwas und ich helfe ihr in dieser Zeit und kümmere mich um die Felle, die die paar Trapper, die es noch gibt, hier bei uns zu Dollar machen. Ich habe einen Händler, der sie dann bei uns abholt."

„Und wie wird der Preis gemacht?"

„Jedes Jahr gibt es eine Pelzauktion. Dort entsteht der aktuelle Preis, mal ist er gut und dann wieder nicht so gut. Warum das so schwankt, weiß der Geier, aber einige Dollar bleiben immer hängen."

„Gibt es eigentlich noch Goldgräber?", fragte ich mit einer belanglosen Miene und wie im Scherz.

„Die Goldzeiten sind vorbei. Es gibt noch ein paar Unermüdliche, die es nicht sein lassen können und immer noch vom großen Fund träumen. Aber ab und zu soll doch mal jemand wieder was gefunden haben und somit wird wohl der Traum vom großen Gold bleiben."
Vorsichtig fragte ich weiter. „Und wie verkaufen die dann ihr Gold?"
„So weit ich weiß, wird es zu kleinen Barren eingeschmolzen und nach dem Gewicht bezahlt."
„Also wie früher, so wie in den Filmen vom Goldrausch?", fragte ich weiter.
„Na ja, bestimmt nicht mehr so gigantisch und abenteuerlich."
„Und wo bringen die das hin, zu Banken oder Goldschmieden?"
„Du hast wohl welches gefunden?", fragte er lachend.
„Nein, schön wäre es", flunkerte ich gekonnt. „Aber ich habe schon als Kind alles gelesen und mir die Filme angesehen, die es über Trapper und das Leben in der Wildnis gab und auch über den Goldrausch. Es hat mich immer fasziniert, dieses Thema und ich glaube, in meinem letzten Leben war ich bestimmt Trapper oder Goldsucher hier oben in Kanada." Jack lachte laut und antwortete mir leider nicht auf meine letzte Frage, wies mich aber darauf hin, dass wir bald da sein werden. Es waren nur noch einige Kilometer bis zur Ortschaft. So schnell kann man die Kilometer hinter sich lassen. Wie bequem es doch sein kann, dieses Leben. Von der Natur konnte man so nur sehr wenig mitbekommen, aber das war jetzt auch nicht ganz so wichtig. Ich wollte so schnell wie möglich zu den Menschen und auch das Gespräch mit Jack empfand ich, nach so langer Zeit der Einsamkeit, als sehr

beglückend. Nie hätte ich mal gedacht, so sehr darauf erpicht zu sein, wieder Menschen zu sehen und mit ihnen zu reden, einfach unter ihnen zu sein. So sehr ich auch die Glücksmomente der vergangenen Wochen genossen hatte, so euphorisch war nun auch die Erwartung auf meine Artgenossen.

Der LKW stand. Jack musste weiter, hatte jetzt keine Zeit bei seiner Familie vorbei zu schauen. Er reichte mir seine Hand entgegen. „Machs gut, du Abenteurer aus Deutschland und viel Glück auf deinen Wegen!“ Fast traurig und etwas zögerlich reichte auch ich ihm meine Hand und ein fester Händedruck beendete diese nette Bekanntschaft. Schade, dachte ich, ein wirklich prima Kumpel, eben erst kennen gelernt und schon wieder vorbei. Mir war plötzlich so, als würde ich diesen Jack schon lange kennen. Beim Aussteigen fragte ich ihn, wo denn das Geschäft seiner Frau sei.

„Hier im Ort, noch so zwei Kilometer, frag einfach nach Jodie!“

„Ok!“, rief ich noch und hob die Hand zum Gruß, da brauste er auch schon wieder los. Erwartungsvoll trabte ich in Richtung des Ortes. Ich nahm mir vor, den Laden von Jodie aufzusuchen und mich bei Jack mit einem Bier in der Kneipe, die es bestimmt dort geben musste, zu revanchieren. Dass ich kein Geld für dieses Bier hatte, daran dachte ich in diesem glücklichen Moment nicht.

Schnell waren die letzten Meter hin zur Menschengesellschaft überwunden. Neugierig ging ich nun eine richtige Strasse entlang, gesäumt von kleinen Häusern mit viel Grün dazwischen und dann war ich auch schon in der Mitte des Ortes angelangt. Hier kreuzte sich die Strasse. Es gab einige Geschäfte und eine Bar, etwas weiter noch eine Tankstelle, dahinter sah ich einen Kirchturm. Was nun, wie sollte es weitergehen? Der einzige, den ich kannte, war Jack und von kennen zu sprechen war eigentlich auch übertrieben. Unsicher ging ich weiter. Ich sah einige Leute, die mich genau so verwundert betrachteten wie ich sie. Touristen und andere Fremdlinge waren hier vermutlich genau so selten wie Pinguine am Nordpol. Da stand ich nun, ein Mensch unter Menschen, trotzdem so allein, wie man nur sein kann. Ohne Geld, ohne Kreditkarte, ohne Namen, aber mit einem kleinem Säckchen Gold, das in diesem Augenblick so wertlos wie Staub war. Eigentlich gab es mich gar nicht mehr und genau so fühlte ich mich in diesem Augenblick. Meine anfängliche Euphorie war wie weggeblasen und wechselte in eine beängstigende Hilflosigkeit. Das Einzige, was ich besaß, war dieses Gold oder was ich dafür hielt. Wenn es nun gar kein Gold war? Erneut stiegen Zweifel in mir hoch und mein neuer Lebensmut bekam einen ersten kleinen Knacks. Nur nicht noch an Anke denken und das verlassene Leben und ich kehre sofort zurück zu meiner eigentlichen Idee. Was soll ich nur machen? Als ich so vor mich hin winselte, rempelte mich jemand an. Ich zuckte zusammen und sah in die verschleierten Augen eines besoffenen nordamerikanischen Ureinwohners. Ein älterer Indianer bat mich um eine Zigarette. Na prima, dachte ich, der schnorrt mich an! Abgesehen davon, dass ich nicht rauche, hat er sich genau den Richtigen ausgesucht. Nun waren wir schon zwei, die nichts hatten. Ich verneinte mit einem gequälten Lächeln. Aber er ließ nicht locker und fragte, ob ich einen ausgebe. „Ok, ich mache dir einen Vorschlag, du sagst mir, wo ich hier einen Goldschmied finde und ich gebe dir einen aus.“

„Hier gibt es keinen Goldschmied, aber wenn du was kaufen willst, dann geh zu Jodie“, lallte er zurück.
Na klar, Jodies Laden, da konnte ich es versuchen, irgendwie einen Kontakt zu machen. „Wo ist der Laden?“ fragte ich meine neue Bekanntschaft.
„Wenn ich dich hinbringe, gibst du dann einen aus?“
„Pass mal auf, mein Freund, ich kann dir keinen ausgeben. Ich habe nicht einen Cent in der Tasche, bin selbst ein armes Schwein, weiß nicht, wo ich hin soll und brauche selbst Hilfe. Also, bringst du mich jetzt zu Jodies Laden oder nicht?“
„Was willst du in Jodies Laden, wenn du kein Geld hast?“, lallte er wieder zurück.
„Machs gut, mein Freund“, sagte ich und ging die Strasse einfach weiter.
„Hab’s nicht so gemeint Kumpel“, rief er mir hinterher „ich zeig dir wo er ist.“
Ich blieb stehen und mein roter Bruder torkelte die Querstrasse rauf. Ich torkelte ihm hinterher und schon nach einigen Metern waren wir da. Über der Eingangstür war ein für das wirklich kleine Geschäft großes Schild mit der Aufschrift „Jodies Laden“ angebracht. Eine Glastür und daneben ein Schaufenster mit allerlei Kleinkram wie Taschenmesser, Anglerhaken und Schnüre, Scheren, Bürsten aller Art, Kämme, eigentlich alles, was man so im Haushalt und Freizeit an Kleinigkeiten in dieser Gegend braucht. Beim Öffnen ertönte ein Windspiel. Das Klingen der verschieden langen Metallstäbchen meldete mein Eintreten an. Im gleichen Augenblick kam Jodie hinter einem Vorhang gleich neben dem Ladentisch auf mich zu und begrüßte mich freundlich mit einem Lächeln. Ich hatte sie sofort erkannt. Das Bild an der Frontscheibe

hatte nicht gelogen, eine wirklich hübsche Frau. Nun konnte ich Jacks Sehnsucht so richtig verstehen. „Sehr selten, hier Fremde zu bedienen. Wie kann ich helfen?“ Etwas mitleidig streifte ihr Blick meinen Begleiter. „Na, Bob, haste wieder zu viel getrunken? Traurig, traurig ist es mit einigen unserer Mitbewohner, sie haben nichts zu tun, lassen sich hängen und saufen nur rum,“ sagte sie mit einer besorgten Miene und sah dabei auch etwas fragend in meine Augen.

„Sie sind Jodie, ich habe Sie auf dem Bild im Auto ihres Mannes gesehen. Er hat mich einige Kilometer mitgenommen und wir haben uns sehr nett unterhalten.“

„Sie sind das also. Er hat mir eben am Telefon von dir erzählt. Er ist einige Tage hier, bevor er noch einmal in diesem Jahr los muss. Er war sehr verwundert, einen Fremden in unserer Gegend anzutreffen. Das war wohl auch das erste Mal, dass er jemanden in dieser Einöde getroffen hat. Sie sind wohl ein Abenteurer? Ich weiß, dass Sie aus Deutschland sind.“

„Das stimmt alles und ich war sehr froh, als Ihr Mann hielt und mich mitnahm. Er ist wirklich sehr freundlich. Ich war schon fast am Ende mit meinen Kräften, das heißt, ich bin es noch und wollte wissen, wo man hier was zu essen bekommt und einen Platz zum Schlafen.“

„Und was zu trinken“, meldete sich Bob, der noch immer hinter mir stand und vermutlich die Hoffnung auf ein Bier nicht aufgegeben hatte.

„Er hat mir gezeigt, wo ich sie finde, ich bin ihm zu Dank verpflichtet und würde ihm ja gern ein Bier bezahlen, aber genau da bin ich bei meinem Problem.“

„Was für ein Problem?“ fragte, Jodie und ehe ich antworten konnte, brummte Bob: „Der Deutsche hat kein Geld."

„Sie haben kein Geld?" fragte sie erstaunt. „Wie sind Sie dann bis hier her gekommen?"

„Das ist eine sehr lange Geschichte und nun stehe ich hier und weiß nicht, wie es weitergehen soll." Ihr Blick ging etwas nachdenklich nach unten, dann hob sie schnell wieder ihren Kopf und mit einer beruhigenden Stimme sagte sie: „Ich mache Ihnen einen Vorschlag: Sie erzählen mir Ihre Geschichte und ich mache Ihnen dafür was zu essen und können heute nacht im Gästezimmer übernachten. Ich liebe spannende Geschichten und all zu oft bekommt man hier in dieser Gegend nichts Neues zu hören. Und du, Bob, bekommst von mir ein Bier, für die Freundlichkeit, dass du diesen Herren zu mir gebracht hast … wie heißen Sie eigentlich?"

„Oh, Verzeihung, ich habe in den letzten Monaten mit keinem Menschen mehr gesprochen, außer mit mir selbst, da habe ich den Anstand vergessen. Mein Name ist Michael. Entschuldigung."

„So, Bob, hier ist ein Bier und dann gehst du nach Hause und schläfst deinen Rausch aus." „Danke Jodie, mache ich." Er nahm das Bier und ehe er den Türknopf drehte, war die Flasche halb leer. Mit traurigen Augen schüttelte Jodie den Kopf. „Es ist schon ein Jammer, sie sind keine schlechten Menschen und wenn sie nüchtern sind, richtig gut zu leiden, sind hilfsbereit, aber eben irgendwie entwurzelt, eine wirklich traurige Situation und keine Lösung in Sicht." Wir gingen durch den Vorhang eine Treppe hinauf und ich stand im Gästezimmer. Nach den vergangenen vielen Nächten unter freiem Himmel war mir, als stände ich in einem Luxusappartement. Ich konnte mein

Glück kaum fassen. Nur wenige Augenblicke später stand ich unter einer Dusche mit richtig heißem Wasser. Ich kann den Moment nicht beschreiben und genoss einfach nur diesen Augenblick. Aber der Genuss sollte weitergehen. Nachdem ich wieder wie ein richtiger Mensch aussah, rief Jodie schon von unten zum Essen. „Du siehst ja ganz anders aus, richtig toll, ein gut aussehender Mann ist hier selten und wir haben einige ledige Frauen im Ort." Sie lachte herzhaft und winkte etwas verlegen ab. „Nun, Michael, iss dich richtig satt und erzähle mir deine Geschichte." Der Duft von gut gewürztem und gebratenem Fleisch, einer sehr herzhaften Soße, Kartoffeln und Gemüse, Bier und einem süßen Kuchen zum Nachtisch ließen in mir sämtliche Glückshormone tanzen. Ich genoss jeden Bissen. Meine Geschmacksnerven jubelten bei jedem neuen Nachschub. Aber leider wurde ich zu schnell satt. Der asketische Lebenswandel und vor allem auch der sehr dürftige Speiseplan der letzten Wochen hatten mich wohl eines so üppigen Mahles total entwöhnt. Ich spürte, wie mein Ranzen immer mehr spannte, es ging leider nichts mehr rein.

Es wurde sehr spät an diesem Abend und es gab auch nur eine Unterbrechung. Nach den vorzüglichen Speisen und Getränken kam Jack nach Hause und er staunte nicht schlecht, mich am Tisch sitzen zu sehen. Er hatte mich trotz meiner Verwandlung gleich wieder erkannt und lauschte nun auch meiner spannenden, aber auch traurigen Geschichte.

Danach konnte ich mich kaum noch auf den Beinen halten. Satt und sauber wie Monate nicht mehr übermannte mich eine an Ohnmacht grenzende Müdigkeit. Jodie und Jack hatten bestimmt noch tausend Fragen, aber es ging nichts mehr. Ich versank in einem richtigen Federbett, von dem ich schon nicht mehr wusste, wie traumhaft es war und schlief wie in Watte gepackt sofort ein. Am anderen Tag, es war schon fast Mittag, kam ich langsam wieder zu mir und in diesem Augenblick war mir meine Situation äußerst peinlich. Wie sollte ich mich nun verhalten, wie sollte ich mich dafür bedanken? Ich hatte doch nichts, nur das Gold. Das konnte und wollte ich nicht einfach so auf den Tisch legen. Doch das Geschichtenerzählen war bestimmt nicht so viel wert wie das, was ich bekommen hatte. Und vor allem: wie sollte es nun weiter gehen? Eines war mir allerdings klar, ich hatte es mit außerordentlich netten und sehr hilfsbereiten Menschen zu tun.

Aber ich musste irgendwie den nächsten Schritt machen. Ich brauchte Hilfe, ich brauchte eine Vertrauensperson. Ob das Jodie und Jack sein konnten? Ich musste sie besser kennen lernen. Nach der Morgentoilette ging ich nach unten. Jodie war im Laden und sortierte Waren ein. „Guten Morgen, Michael! Wie hast du geschlafen?"
„Wie auf Wolken und ich weiß nicht, wie ich euch danken soll, wie ich das wieder gut machen kann."
„Nun, mach dir nicht so viele Gedanken, Frühstück steht im Zimmer, dann reden wir weiter."
„Danke", mehr konnte ich in diesem Augenblick nicht sagen. Rührei mit Schinken und Brot, wieder ein Hochgenuss. Dazu reichlich Kaffee, der war hier in Kanada immer richtig dünn. Früher habe ich ihn auf unseren Urlaubsreisen als schwarzes Wasser bezeichnet. Als verwöhnter Kaffee trinkender Deutscher war das wirklich eine dünne Brühe. Aber nun, nach den entbehrungsreichen Monaten, empfand ich ihn als ein Hochgenuss.

Mit reichlich Zucker versehen schlürfte ich den nun sogar noch mit Milch verdünnten Kaffee und überlegte, wie es weitergehen sollte, als plötzlich das Türgebimmel zu hören war und ich gleich danach jemanden fragen hörte: „Ist euer Deutscher noch da?“
„Guten Tag, Bob, klar ist er noch da, er frühstückt noch.“ Ich ging nach vorn, um ihn auch zu begrüßen. Als ich durch den Vorhang trat, staunten wir beide nicht schlecht, denn so wie ich mich etwas verwandelt hatte, erkannte ich Bob auch nicht wieder. Er hatte seine lange Indianermähne zusammengebunden, war rasiert und gegen gestern sehr ordentlich angezogen. Er sah zehn Jahre jünger aus, ein richtig stattlicher Mann, so um die dreißig.
„Guten Morgen, Michael, ich hoffe, du hast gut geschlafen. Ich wollte mich eigentlich nur bei dir für gestern entschuldigen. Ich habe einen über den Durst getrunken, kommt leider öfter vor, also nichts für ungut.“ Irgendwie kam ich mir nun so richtig blöd vor. Ich sah gestern selbst wie ein Strauchdieb aus, trotzdem haben mir diese Menschen geholfen. Nun entschuldigte sich dieser Bob sogar bei mir. Ich war total überrascht von diesen Leuten, die hier am Ende der Welt ihr Leben bestritten und eine Gastfreundschaft an den Tag legen, die mir so in dieser Art und Weise total fremd war. Ich ging auf Bob zu, legte meinen Arm um seine Schulter, drückte ihn etwas an mich und sagte ihm, dass er sich nicht entschuldigen muss. „Ich habe zu danken, ohne dich wäre ich gestern vielleicht weitergegangen und hätte euch herrliche Menschen niemals kennen gelernt.“
Bob lächelte mir zu und in diesem Augenblick hatte ich keine Lust mehr, diesen Ort so schnell zu verlassen. Er ging mit mir nach hinten, so selbstverständlich, als wäre

er hier zu Hause. Wir tranken Kaffee und er fragte mich, wie ich nun weiter machen wollte. Jodie kam dazu und stellte mir die gleiche Frage. Mein Blick ging nach unten, ich wusste es nicht. „Ich möchte am liebsten eine Weile hier bleiben, aber ich weiß eben nicht, wie das gehen soll“. Es war doch erst Mitte Juli, hatte mich also ganz schön verschätzt mit der Zeit in der Wildnis. „Ich könnte noch so zweieinhalb Monate in Kanada bleiben. Dann muss ich raus und da ist das nächste Problem. Ich habe kein Geld, um wieder nach Deutschland zu fliegen.“

„Ja, das ist wirklich ein Problem, denn Arbeit gibt es hier nicht, zumal du auch nicht hier arbeiten darfst. Kannst du nicht nach Deutschland schreiben und dir Geld schicken lassen?“ Die Idee war ganz gut und als Überbrückung, bis ich irgendwie das Gold zu Geld gemacht hatte, eine Lösung. Ich wollte ja nun neu beginnen und auch wieder Verbindung zu meiner Familie aufnehmen. „Aber bis das Geld hier ist, vergehen bestimmt einige Tage, wenn nicht Wochen.“ war sofort mein Einwand.

„Darüber mach dir keine Sorgen, diese Zeit könnten wir überbrücken. Zu essen haben wir genug und das Zimmer steht sowieso leer und Bob trinkt mal eine Weile kein Bier und zeigt dir unsere herrliche Umgebung.“ Sie sagte das alles so selbstverständlich, so wie zu einem alten Bekannten. Über so viel Güte war ich richtig fassungslos, so sehr, dass mir in diesem Augenblick doch etwas die Augen feucht wurden. Meine Erfahrungen der letzten Jahre in Deutschland hatte eine solche uneigennützige Hilfsbereitschaft in eine Märchenwelt geschoben. Solche Tugenden waren seit Jahren der Existenzangst und Gier in die Verbannung getrieben worden. Natürlich unterstützte mich damals meine Familie, so gut es ging. Aber total

fremde Menschen, da hatte ich meistens genau die entgegen gesetzten Erfahrungen gemacht. Sogar vermeintlich gute Freunde ließen mich damals bis auf nur eine Ausnahme total im Stich. Schnell versuchte ich, die Träne wegzuwischen, ich schämte mich meiner Gefühlsregung. Jodie bemerkte meinen Zustand, legte ihren Arm um mich und sagte: „Du hast eine schlimme Zeit hinter dir, ich kann dich verstehen. Lass es einfach geschehen und fühl dich ganz einfach nur wohl bei uns."
„Und ich zeige dir alles", ergänzte Bob gleich hinterher, so, als wollten beide mir sagen: du bist unser Freund, mach dir keine Sorgen, wir kümmern uns um dich.
Nun verbarg ich mein Gesicht hinter beiden Händen. Das war wirklich zu viel für meine angekratzte Seele, das hatte ich auf keinen Fall so erwartet. Nicht im Traum hätte ich mit so viel Menschenliebe und Vertrauen einem Fremden gegenüber gerechnet. Eine Weile brauchte ich, bis sich mein Seelenzustand wieder stabilisiert hatte. Nun stand es fest. Ich wollte diese Leute in mein Geheimnis einweihen. Wenn nicht sie, wen dann sonst? Sie hatten mich so liebevoll aufgenommen. Ja, sie hatten mich im wahrsten Sinne des Wortes gerettet, mir das Leben wieder möglich gemacht und meine Zukunftsaussichten waren in diesem Augenblick wieder richtig gut.

Ich ging ins Bad und erfrischte mein verheultes Gesicht mit kaltem Wasser, ich sah in den Spiegel und erblickte einen fast neuen Menschen. Ich sah ein Gesicht voller Hoffnung.

Noch am gleichen Tag fuhren Bob und ich in die benachbarte Stadt, eigentlich auch nur eine Ortschaft so wie die, aus der wir kamen. Aber hier gab es zusätzlich noch eine Bank, ein Kino, ein kleines Theater und sogar

einen Schmuckladen. Ich hatte ihn sofort entdeckt. „Halt mal kurz an! “, rief ich ohne nachzudenken.
Bob machte vor lauter Schreck eine Vollbremsung. „Was ist denn los?“ Gleich am Ortseingang sah ich das Schild an einem Balken hängen. Es war nicht zu übersehen, sehr bunt und wie bei Jodie sehr groß geraten. Dieser Balken war waagerecht, wie eine Fahnenstange an einem wunderschönen Holzhaus, eines so aus ganzen Stämmen, befestigt. Daran hing das Schild „Silber – Gold - und Modeschmuck“ mit dicken Stricken befestigt. Es sah alles sehr rustikal aus, so, wie das ganze Gebäude. Eine Treppe führte an der Wand bis zur ersten Etage zur Eingangstür. Das Erdgeschoß war bestimmt so eine Art Keller, denn hier waren nur kleine Fenster zu sehen und so weit hier oben im Norden sind die Keller nicht wie bei uns ins Erdreich gebaut. Der Frostboden, der auch im Sommer nur einige zehn Zentimeter auftaut, verhindert das Bauen in die Tiefe.
„Was willst du denn in einem Laden voller Schmuck, ohne Geld?“
Verlegen rang ich nach einer Antwort. „Früher habe ich oft Schmuck gekauft, für meine Frau, ist so eine alte Gewohnheit“, erwiderte ich etwas unsicher.

Es wurde sehr spät, als wir wieder zu Hause ankamen. Ja, zu Hause, so fühlte ich es, hier könnte es sein. Gab es denn irgendwo noch liebere Menschen für mich? Natürlich zu Hause in Deutschland, aber hier hatte mich das Schicksal oder was auch immer hingeführt und hier wollte ich Dankbarkeit zeigen, Jack, Jodie, Bob und all den anderen, die ich noch kennen lernen sollte. Es war ein sehr schöner Tag. Bob hatte mir die Stadt gezeigt, die nach ihrem Verständnis gleich in der Nachbarschaft lag.

Aber nur um da hinzukommen, fuhren wie mit einem Jeep über drei Stunden. Wir waren zur Bank gegangen und ich eröffneten ein Konto, das war auch für einen Ausländer kein Problem, nur, ich musste eine wenn auch kleine Summe einzahlen. Natürlich brauchte ich selbst dafür Geld und wieder stand ich da wie ein Bettler und der war ich auch. Bob reichte mir zehn Dollar. Verlegen gab ich das Geld der netten Dame hinter dem Schalter. Danach ging es zur Post. Ich telegrafierte nach Deutschland und erbat mir leihweise zweitausend Euro zu überweisen, um wieder nach Hause kommen zu können. Ich glaubte und hoffte, dass sie über meine Nachricht und die Ankündigung zurückzukommen so froh waren, dass es mit dem Geld kein Problem geben würde. Auch hier übernahm Bob die Kosten. Ich wusste genau, dass er selbst nicht viel hatte und versprach ihm, sobald das Geld da ist, alles mit Zinsen zurückzuzahlen. „Nun hau nicht so auf den Putz, geht schon in Ordnung, wenn es dich nicht gäbe, hätte ich heute bestimmt das Doppelte schon wieder versoffen.“ Ich merkte, wie der Glaube an die Menschheit, der mir die letzten Monate abhanden gekommen war, so langsam, aber sicher wieder aus dem Abgrund der Enttäuschungen empor stieg. Anschließend zeigte mir Bob noch die Stadt. Bis auf die schon erwähnten zusätzlichen Gebäude konnte ich wirklich kaum einen Unterschied erkennen. Als wir zum Auto liefen, machte ich noch schnell einen Abstecher in das Schmuckgeschäft. Bob weigerte sich, den Laden zu betreten. Den Raum teilte ein großer Ladentisch, an den Wänden waren Glasvitrinen mit allerlei Schmuckstücke zu sehen. „Kann ich helfen?“ Eine junge Frau saß hinter dem Ladentisch gleich am Fenster und bastelte an einer Kette.

„Nein, danke, ich wollte nur mal schauen."
„Ok, schau dir nur alles an und wenn ich helfen soll, ich bin hier."
Ich sah mir die Vitrinen an, wirklich alles schöne Stücke und überlegte, wie ich zum Thema kommen könnte.
„Wo kommen Sie denn her?"
„Aus Deutschland."
„So, aus Deutschland, " wiederholte sie nachdenklich.
„Waren bis jetzt nur sehr wenig hier, die Deutschen." Sie erklärte mir, dass um diese Jahreszeit einige Touristen hier sind, da hat sie die Chance, immer mal etwas zu verkaufen. „Oder so ein paar Verrückte heiraten und kaufen Eheringe oder ein Verliebter schenkt seiner Freundin was Schönes."
„Du hältst wohl nicht viel von der Ehe?"
Lächelnd sah sie auf ihr Werkstück und antwortete nicht darauf.
„Entschuldigung, machst du auch Schmuck aus Gold?"
„Das mache ich am liebsten, im rechten Glaskasten sind ein paar Stücke, würde viel mehr machen, wenn ich genügend Gold hätte."
Für diesen Wunsch hatte ich eine Lösung, aber die behielt ich lieber noch für mich. „Und wie kommt man an das Material?"
„Na ja, für Modeschmuck ist das kein Problem, eher schon bei Silber und vor allem Gold. Ab und zu bringt mal ein Hobbysucher was vorbei. Oder jemand braucht Geld und bringt mir ein Schmuckstück. Aber meistens ändere ich solche Schmuckstücke, mache aus etwas Altem etwas Neues."
„Also Sie meinen, wenn Ihnen jemand Gold bringt, können sie den Wert ermitteln und bezahlen?"

„Das gehört zu meinem Job und bezahlen muss ich es wohl. Leider schenkt mir keiner was. Aber warum fragen Sie, haben Sie Gold zu verkaufen?“

„So um die fünfzig Kilo“, sagte ich scherzhaft.

„Da muss ich mir aber einen großen Kredit besorgen“, lachte sie.

„Nein, mal im Ernst, wenn ich in eurem schönen Land Gold finde, könnte ich es dann zu Ihnen bringen und daraus Geld machen?“

„Immer her damit“, lachte sie erneut. Jetzt stand sie neben mir und fragte, ob ich länger hier bin, ob ich Urlaub machte, als Bob plötzlich doch den Laden betrat.

„Du kannst dich wohl von der Schönheit nicht mehr trennen?“

„Hallo, Bob! Was machst du denn hier?“

„Hallo, Julia, ich bin mit dem Deutschen unterwegs. Habe ihm Eure Stadt gezeigt und er braucht Geld, lässt sich welches aus Deutschland schicken. Wir haben ihn auf der Strasse zum Holzfällercamp ziemlich weit draußen aufgelesen. Ist eine lange Geschichte, wird sich bestimmt wieder rum sprechen wie alles in unserer Gegend. Wir müssen aber jetzt los.“ „Macht’s gut ihr zwei und viel Glück, Deutscher“, sagte sie, als wir den Laden verließen. „Entschuldigung, mein Name ist Michael. Und auch viel Glück und danke für die Auskünfte!“, rief ich noch schnell, bevor die Tür ins Schloss viel. Beim Verlassen des Geschäftes drehte ich mich noch einmal um, denn diese junge Frau war wirklich eine richtige Schönheit. Ihr buntes, weit geschnittenes Kleid umhüllte einen schlanken Körper und ihr seidig glänzendes, schwarzes Haar hing in ganz leichten Wellen über die Schulter. Sie trug silbernen sehr auffälligen Schmuck, um den Hals eine lange und eine kurze Kette, einige Ringe an den Fingern, einen herrlichen, breiten Armreif und zarten Ohrschmuck, der in dünnen silbernen Fäden im Haar verschwand. Das war eine gute Werbung für ihr Geschäft. Ich musste mich richtig losreißen von diesem Anblick und holte tief Luft, als wir die Treppe hinab gingen.

Natürlich erinnerte sie mich sofort an Anke, denn eine gewisse Ähnlichkeit war wirklich vorhanden. Sie war zwar einige Jahre jünger, aber Anke verfolgte mich nun wirklich bis ans Ende der Welt. Kaum hatte ich mal nicht an sie gedacht, erinnerte mich das Schicksal sofort an den Zweck meines Weges bis hier her. Es war sehr erfrischend, aber auch etwas beängstigend, eine solche Frau mit so einer Ähnlichkeit kennen gelernt zu haben. Bob bemerkte mein Erstaunen. „Sie ist nur zur Hälfte eine Indianerin, ihr Vater soll ein Franzose gewesen sein, aber keiner kannte ihn und ihre Mutter ist bei der Geburt gestorben. Sie ist bei ihren Großeltern aufgewachsen, mehr weiß ich davon nicht."

„Ist ja eine traurige Geschichte, " erwiderte ich sofort.

„Sie kennt ihre Eltern ja nicht, aber sie ist etwas eigenartig, erst 26 Jahre und will von Männern nichts mehr wissen."

„Wieso?", fragte ich erstaunt.

„Sie war mal verheiratet, nicht lange, auch mit einem von uns und der hat auch nur gesoffen und immer, wenn er voll war, hat er sie geschlagen. Da hat sie sich wieder scheiden lassen und jetzt sitzt ihr Ex-Mann im Knast wegen einer Prügelei, hat einen schwer verletzt. Die Geschichte machte hier vor einiger Zeit die Runde und überhaupt bleibt hier in dieser Gegend nichts im Verbor-

genen. Auch deine Geschichte wird hier bald die Runde machen.
„Aber sie wird doch bestimmt viele Verehrer haben?“, fragte ich etwas neugierig.
„Einige Männer haben es dann bei ihr versucht, auch ich habe es mal probiert, sie hat alle abblitzen lassen, leider auch mich“, sagte Bob mit so einem enttäuschten Lächeln. Wir saßen schon wieder im Auto und waren auf dem Heimweg. Der Schotterweg führte fast nur durch dichten Wald und der war mir hinlänglich bekannt. Ab und zu ging es auch an einem Fluss oder See vorbei. Langsam wurde es dunkel. Alles erschien nun sehr gespenstig, aber auch das war mir vertraut. Allerdings bekam ich bei der Fahrt schon einen kleinen Einblick von der Schönheit dieser Gegend. Bob wollte mir am anderen Tag alles richtig zeigen. Er versprach mir das schönste Fleckchen Erde. Gespannt auf den neuen Tag und erneut gut gesättigt lag ich wieder wie in Wolken gehüllt und mir kam diese zauberhafte Julia in den Sinn und damit auch wieder Anke. Oh, Schicksal, wie bist du hart! Wie sollte ich jemals meine große Liebe verarbeiten, Abstand gewinnen können? Denn hier gab es nun auch eine Anke, nur, dass sie Julia hieß. In diesem Augenblick wusste ich noch nicht, ob das gut oder eher schlecht war.

Auch hatte ich bei dem Hinweis, dass in dieser Gegend über alles geredet wurde, ein mulmiges Gefühl. Die Fragen, die ich bei dieser Julia gestellt hatte und das eventuelle Wissen der Leute von der Hütte, in der ich einige Zeit gelebt hatte, konnten zu eigenartigen Schlussfolgerungen führen, die vorerst nicht in meinem Interesse lagen. Aber die Freude über diesen schönen Tag, die Bekanntschaft mit Julia und damit die Möglichkeit, eventuell das Gold in klingende Münze zu tauschen, ließen kein beklemmendes Gefühl mehr zu. Ich schlief so gut und fest wie in der Nacht davor und wie anders sollte man in so einem Bett auch schlafen.

Am anderen Morgen weckten mich die Sonnenstrahlen. Ein herrlicher Tag, um die Natur zu entdecken. Als ich zum Frühstück kam, saß Bob schon am Tisch und genoss den Kaffee. Er konnte es wohl nicht erwarten, mir seine Heimat zu zeigen und ich hatte auch das Gefühl, dass er froh war, mal wieder gebraucht zu werden, dem Tag einen Sinn zu geben. Jack hatte mir gesagt, dass Bob hier niemals weg gehen würde. Es gefiel ihm in seiner vertrauten Umgebung zu gut. Hier war er geboren und auch diese schlechte Situation mit der Arbeit kümmerte ihn nicht. Er bezog Geld vom Staat und lebte so in den Tag. Manchmal half er, wo eben gerade jemand gebraucht wurde, aber da konnte man sich auf ihn verlassen. Dann trank er keinen Alkohol und sparte sogar den einen und anderen Dollar. Für schlechte Zeiten, sagte er immer. Nun war er mein Wildnisführer, nur, dass ich ihm nichts dafür bezahlen konnte, jedenfalls jetzt noch nicht. Aber ich glaube, das war ihm egal. Es machte ihm wohl so richtig Spaß, unterwegs zu sein und einem Fremden alles zu zeigen. Wir wollten gerade aufbrechen, als Jack angefahren kam und uns bat, noch einen Moment zu bleiben, er müsste mir was Wichtiges mitteilen. Gespannt setzten wir uns wieder. „ Ich habe ein bisschen rumtelefoniert und dabei herausbekommen, wem die Hütte gehört, in der du einige Wochen gehaust hast." Nun stieg doch etwas mein Interesse, denn ich hatte ihnen von der Hütte und der Mine erzählt, aber nicht von dem Einsturz, meinem beinah Tod und erst recht nicht von dem Gold.

„In der Stadt lebt noch die Frau des Besitzers, eine alte Indianerin. Ihr Mann, der viele Jahre in der Mine gearbeitet hat, ist vor einigen Monaten gestorben. Er hat so aus alter Gewohnheit und weil er die Gegend so schön fand, die Pacht immer wieder bezahlt. Allerdings ist die Miene ausgebeutet, aber der Besitzer hat wohl auch viele Jahre ganz gut davon leben können. Die Hauptader, von der er immer sprach, hat er nie gefunden. Die Hütte steht nun unbenutzt seit vielen Jahren in der Wildnis und gammelte so vor sich hin. Na ja, alle Goldgräber haben immer die Hauptader gesucht, waren alle überzeugt, sie zu finden. Das liegt so in ihrem Glauben, aber nur die Wenigsten sind beim Goldsuchen so richtig reich geworden. Mehr weiß ich nicht, aber eigentlich ist es doch auch egal, willst doch nicht wieder hin, dein Abenteuer ist doch nun zu Ende, oder? Sei froh, dass du noch lebst und alles gesund überstanden hast. Ich kenne einige Geschichten von Leuten, die nie wieder aufgetaucht sind."

Ich bedankte mich und merkte erneut ihre liebe Art mit Fremden und in meinem Fall hilflosen Fremden umzugehen. Er hätte das gar nicht machen brauchen und ich habe ihn auch nicht darum gebeten. Trotzdem machte er sich die Arbeit und erkundigte sich. Ich war ihm wirklich dankbar, denn diese Informationen war schon wichtig. Ich fragte, ob er die Adresse wüsste, wo diese Frau wohnt. Er verneinte, gab mir aber eine Telefonnummer, bei der ich es erfahren könnte. Das reichte mir und am liebsten wäre ich gleich wieder diese dreieinhalb Stunden zur Stadt gefahren, in der die alte Indianerin lebte, um noch mehr in Erfahrung zu bringen. Aber ich wollte Bob nicht die Freude nehmen, nun endlich mit mir loszugehen, denn auch ich war neugierig auf dieses Fleckchen Erde.

Kurz bevor es dunkel wurde, kehrten wir zurück. Bob hatte nicht zu viel versprochen. Da ich die letzten Monate in dieser herrlichen Natur unterwegs war, war mir vieles vertraut. Aber immer wieder war ich fasziniert von so viel Schönheit. Nur hier sah ich auch große freie Flächen, die vor Jahren gerodet wurden und den Blick frei gaben über herrliche Seen zu kleineren Bergen und zarten Erhebungen, die man bewaldet so nicht wahrnehmen konnte. Es waren traumhafte Flächen, auch zum Bau eines kleinen Häuschens, dahinter der Wald und nach vorne der See. Ich fing richtig an zu phantasieren. Für Bob war es überhaupt kein Problem. „Hier kann man wunderbar leben und du kannst dir auch ein Haus bauen, wenn du hier bleiben möchtest."

Wie schön das wäre, aber erst einmal mussten andere Dinge dringend geklärt werden. Ich war jetzt so weit, ich musste die Sache mit dem Gold klären. Diese Menschen kamen mir so rein vor, so bedingungslos in all ihrem Tun. Vor allem berührte mich ihre menschliche Wärme so sehr, dass ich nun nicht mehr anders konnte. Ich musste sie einweihen. Aber vorher wollte ich noch mit der Eigentümerin der Mine sprechen.

Am anderen Tag rief ich bei der Nummer an, die mir Jack gegeben hatte. Zu meinem Erstaunen meldete sich eine recht junge Stimme, denn ich hatte ja die Stimme einer älteren Frau erwartet. Etwas verdattert sagte ich meinen Namen und total verdattert war ich, als die Stimme am anderen Ende sagte: „Ach, der Deutsche mit den fünfzig Kilo Gold, was kann ich für dich tun?"

„Ich glaube, ich bin falsch verbunden."

„Wen willst du denn sprechen?"

„Ich wollte, na, ich wollte, ich war vor einigen Tagen, ich

bin bestimmt falsch verbunden, Entschuldigung.“ Etwas durcheinander legte ich auf und versuchte es erneut. Wieder war diese Julia am Apparat und nun musste ich deutlicher werden. „Ich suche eigentlich die Frau eines alten Goldgräbers, der vor kurzem gestorben ist.“

„Mein Großvater war ein Goldsucher und er ist vor einigen Monaten verstorben und meine Großmutter liegt im Bett, sie ist krank.“

„Das tut mir sehr leid. Also gehört euch die alte Hütte mit der Mine an diesem See?“

„Ja, aber woher weißt du das und was hast du damit zu tun?“ Ich entschuldigte mich zum wiederholten Mal. „Das ist eine lange Geschichte und ich möchte dich bitten, dass du dir diese Geschichte anhörst. Bitte, können wir uns treffen?“

Für einen Augenblick war es ruhig. Sie konnte es bestimmt nicht so richtig verstehen. Sekunden später sagte sie zu. „Ok, wann geht es denn?“

„Ich richte mich nach dir. Du sagst mir, wann ich kommen darf.“

Bestimmt war sie neugierig geworden, denn schon am anderen Tag lud sie mich zu sich ein.

Einerseits freute ich mich, Julia wieder zu sehen. Andererseits konnte auch ab morgen mein Abenteuer zu Ende sein. Wie würde sie reagieren, wenn sie von dem Goldfund erfuhr? Gerade sie, die das Gold gut gebrauchen konnte. Erwischte sie ab morgen der Rausch? Wenn das hier die Runde macht, was würde passieren? Quälende Gedanken ließen mich doch wieder zweifeln, ob es richtig war, dieses Geheimnis preis zu geben. Schließlich hatte ich den Fund gemacht. Nun könnte es geschehen, dass ich nichts mehr davon sah, ich nur auf mein Geld warten könnte und abreisen. Das wollte ich auf keinen Fall. Ich wollte, ja - was eigentlich? Alle sollten davon abbekommen. Natürlich Julia, aber auch Jack und Jodie, Bob und ich. Aber es war nicht meine Mine und mir stand es auch nicht zu. Egal, wie auch immer, ich musste es Julia erklären und versuchen, das beste daraus zu machen. Mit dem Gold, das ich bei mir hatte, würde immer spekuliert werden und auch der Dümmste würde vermuten, wo ich es gefunden hatte. Nun musste ich Farbe bekennen. Es half nichts, ich hatte Julia neugierig gemacht. Was sollte ich jetzt anderes sagen als die Wahrheit, oder sollte ich mein neues Leben wieder mit einer Lüge beginnen?

Wieder fuhr mich Bob mit Jodies Jeep rüber in die Stadt. Neugierig, aber etwas vorsichtig, fragte er mich, was ich dort und vor allem von Julia wollte. „Ich habe in Erfahrung gebracht, dass die Hütte an diesem See, in der ich einige Zeit gewohnt habe, die Hütte von Julias Großvater ist. Ich möchte Julia und ihrer Großmutter von meinem Abenteuer erzählen, dass ich sie etwas in Ordnung gebracht habe und dort alles ok ist."

„Ist ja nett von dir, sie werden sich bestimmt freuen, davon zu hören." Wenige Augenblicke später setzte er mich vor dem Schmuckgeschäft ab.

Dann saß ich in einem gemütlichen Zimmer über dem Laden. Da wohnte sie mit ihrer Großmutter, sie lag krank und schwach im Nebenzimmer. Wie auch schon Tage zuvor meinen neuen Freunden, erzählte ich nun Julia meine Geschichte, nur mit dem kleinen, aber alles entscheidenden Hinweis des Goldfundes. Zunächst glaubte sie mir kein Wort. Sie wusste ganz genau, dass diese Mine nichts mehr hergab. Schließlich war ihr Großvater ein erfahrener Goldsucher und hatte jahrelang dort geschürft.

Er hatte jeden Winkel durchgraben und kannte den Berg wie seine Westentasche. Als ich das Säckchen mit meinem Fund auf den Tisch stellte, sah ich in ein fast versteinertes Gesicht. Plötzlich rollten ihr Tränen über die Wangen. In diesem Augenblick hätte ich sie am liebsten in die Arme genommen und getröstet. Ich konnte nicht erkennen, ob es Freudentränen waren oder die Erinnerungen an ihren kürzlich verstorbenen Großvater, der die Jahre dort sehr schwer gearbeitet und immer von der Ader geträumt hatte. Wie gebannt sah sie auf das Gold und die Tränen liefen ihr in Strömen über das Gesicht.

Ich ließ ihr Zeit, sagte kein Wort mehr. Dann wischte sie über ihre Wangen und sah mich fassungslos mit ihren wunderschönen Augen an. Erst jetzt bemerkte ich, dass sie keine braunen, sondern so blaugrüne Augen hatte. Eigenartig, dachte ich, bestimmt von ihrem Vater geerbt. Es durchzuckte mich, als hätte ich einen Stromschlag bekommen. Wie kann sie mich nur so ansehen? Meine Wunden waren doch erst frisch verheilt und immer noch sehr empfindlich. Wie schnell konnten sie wieder aufbrechen! Ich war wie ein frisch Operierter noch nicht über dem Berg. Was ging in ihrem Kopf jetzt vor sich?

„Ich weiß nicht, was ich sagen soll und noch weniger, was ich machen soll. Ich bin total durcheinander. Du hättest doch auch alles für dich behalten können. Wieso bist du hier und beichtest mir das alles?“ Erneut rollten die Tränen, sie entschuldigte sich.

„Du musst dich nicht entschuldigen, ich kann dich verstehen. Aber was soll ich denn anders machen? Das Gold gehört mir eigentlich garnicht, sondern dir oder deiner Großmutter“

Sie schwieg und sah auf das Gold und dann wieder zu

mir. „Ich verstehe es immer noch nicht. Wieso bist du hier, wieso bringst du mir das Gold und erzählst mir das alles, wieso?“ „Vielleicht hat mich der große Geist geschickt, dich glücklich zu machen, um euch oder vielleicht auch noch anderen zu helfen?“ Erwiederte ich etwas scherzhaft, um etwas diese Tragik aus dem Gespräch zu nehmen.

„Du bist ein Spaßvogel, mal abgesehen davon, dass mein Großvater vor kurzem gestorben ist, den ich sehr geliebt habe, bin ich glücklich und führe ein durchaus erfülltes Leben. Also warum bist du hier?“, fragte sie nun etwas energisch.

„Ich möchte dir dein Gold bringen und dir sagen, dass da noch viel mehr ist“, antwortete ich nun etwas ernster.

„Du bist wohl doch ein Heiliger,oder?“ Ihre Stimme klang wieder etwas sanftmütiger.

„Also, für mich gab es schon viele Bezeichnungen. Aber einen Heiligen hat mich noch keiner genannt. Ich weiß doch auch nicht, wie das alles gekommen ist. Es ist nun einmal so, ich bin jetzt hier und am liebsten würde ich dir helfen, das Gold zu bergen. Bezeichne es einfach als Schicksal oder eine glückliche Fügung oder wie auch immer. Ich hätte nur eine Bitte: kannst du das hier zu Geld machen und mir etwas davon geben? Ich bin, wie du weißt, total pleite und möchte gern meinen neuen Freunden die Unterkunft und das Essen bezahlen.“

Sie sah mich wieder so an, so elektrisierend, bohrte mit ihrem Blick in mir herum und fragte erneut: “Warum hast du nicht alles für dich behalten? Du brauchst doch das Geld und hättest kein finanzielles Problem. Ich verstehe das nicht und bevor du mir nicht eine glaubhafte Erklärung für das alles hier gibst, rede ich hier nicht weiter!“

Ich versuchte zu erklären, dass ich nicht wüsste, wie das Gold zu Geld zu machen sei. „Ich war auch total unsicher und erst diese herzliche Wärme, mit der ich hier so bedingungslos aufgenommen wurde, brachte mich dazu, auch euch gegenüber ehrlich zu sein und es nun so zu machen. Den letzten Anstoß hast du mir gegeben, als ob das Schicksal noch einmal richtig zugelangt hat, sah ich in dir meine verlorene Liebe, die Frau, die mich auf diesen abenteuerlichen Pfad bis hier her gebracht hat. Vielleicht ist das alles Schicksal und ich glaube, dass ich es mir selber schuldig bin. Ich weiß, das ist nur schwer zu verstehen, aber wenn du meine ganze Geschichte kennen würdest, könntest du es vielleicht verstehen." Wieder schwieg sie eine Weile und plötzlich und sehr bestimmend sagte sie: „Was hältst du davon, wenn wir beide zur Hütte gehen, so für zwei, drei Tage und du mir alles zeigst?" „Gehen?", fragte ich verwundert. „Das ist ein sehr abenteuerlicher und auch gefährlicher Marsch und dauert einige Zeit."
„Natürlich nicht zu Fuß, mein Großvater hat sich immer von einem Buschpiloten fliegen lassen, im Frühjahr hin und am Ende des Sommers wieder zurück."
Doch nun auch etwas verwundert, fragte ich: „Das würdest du machen? Du kennst mich doch gar nicht und willst mit mir alleine los?"
„Warum nicht? Ich glaube, ich kann das wagen. Außerdem kannst du mir dann deine ganze Geschichte erzählen und ich versuche auch, dich dann zu verstehen. Außerdem wissen doch auch alle hier, wo ich mit wem bin."
Nun war ich total verwundert, jetzt fehlten mir wieder die Worte. Damit hatte ich nicht gerechnet. Wir verblieben erst einmal so, allen zu sagen, dass Julia gern die Hütte ihres Großvaters besuchen möchte, da sie diese noch

nie gesehen hatte und nun im Gedenken an ihn dort hin möchte. Ich war der letzte, der dort war und da ich Zeit hatte, sollte ich mit. Mir wurde bei diesem Gedanken ganz anders, mit diesem Mädchen allein in der Wildnis, immer ihr Antlitz vor Augen, einem Antlitz, das mich ständig an Anke erinnerte. So richtig wohl war mir nicht bei diesem Gedanken, aber es abzulehnen brachte ich natürlich auch nicht fertig.

Auf der Rückfahrt kreisten meine Gedanken immer und immer wieder um Julia. Bob versuchte ständig, ein Gespräch zu beginnen, etwas zu erfahren. Ich erzählte ihm dann die mit Julia erdachte Geschichte. Das Gold blieb bei ihr, sie wollte es verkaufen, bis auf einen Teil, den sie für ihre Arbeit verwenden wollte. Ich war an diesem Abend zum ersten Mal wieder so richtig zufrieden und wirklich glücklich, sogar richtig stolz auf mich. Ich glaubte, alles richtig gemacht zu haben und freute mich schon auf den Augenblick, allen meinen neuen Freunden für ihre große Hilfsbereitschaft und Herzlichkeit zu danken und dann nicht nur mit Worten. Denn die Menge, die ich in der Mine entdeckt hatte, war ein Vermögen wert.

An diesem Abend verabschiedete sich Jack. Noch einmal musste er in diesem Jahr zum Holzfällercamp fahren und kam erst in cirka vier Wochen zurück, um dann den Winter bei seiner Familie zu verbringen. Er konnte es kaum erwarten, da an diesem Abend auch seine Tochter aus einem Feriencamp zurück war. Es blieb gerade noch Zeit für eine Umarmung mit ihrem Vater. Nun musste ich meine Geschichte wieder erzählen, denn ihre Tochter Jenny war ebenfalls neugierig auf meine Erlebnisse. Sie fand es total romantisch und bestärkte mich, diese Geschichte doch mit all den Abenteuern und hoch und runter gehenden Gefühlsregungen aufzuschreiben. Sie war davon fest überzeugt, dass es bestimmt eine spannende Geschichte werden würde. An diesem Abend gab es noch viel zu erzählen. Auch Jenny erzählte ihre Ferienerlebnisse und ich spürte auch bei ihr diese wohl vererbte Herzlichkeit.

Die Tage vergingen und der Zeitpunkt des Fluges zur Hütte war gekommen. Ich hatte meine Ausrüstung überprüft und dank Jodie ergänzt. Julia war mit einem großen Rucksack am See erschienen. Wir starteten mit einem Wasserflugzeug in der Nähe der Stadt. Es begann schon wieder alles wie ein großes Abenteuer, denn ich konnte mir beim besten Willen nicht vorstellen, wie der Flieger von diesem kleinen See aus in die Luft kommen wollte. Der Anlauf schien doch sehr kurz zu sein. Andererseits hatte der Pilot diesen Start bestimmt schon oft gemacht und somit sollte ich mir keine Sorgen machen. Alle waren an diesem Tag mitgekommen, um uns zu verabschieden. Ich hatte den Eindruck, dass es ein Abschied für Wochen war, dabei sollte uns der Flieger nach drei Tagen wieder abholen, denn jetzt ging es hier im Norden schon wieder mit großer Geschwindigkeit auf die kalte Jahreszeit zu. Manchmal gab es sogar einen vorzeitigen Wintereinbruch, der aber in diesem Jahr lieber ausbleiben sollte. Dicht gedrängt saßen wir hinter dem Piloten zwischen unserer Ausrüstung. Dann brummte der Motor auf vollen Touren. Mit einem Lächeln bemerkte der Pilot, dass er doch dieses Mal hoffte, aus dem Wasser zu kommen. Julia grinste nur. Ich brachte ein gequältes Lächeln hervor, als sich die Maschine langsam in Bewegung setzte. Allerdings wurde sie nicht sehr viel schneller und

das gegenüberliegende Ufer kam viel zu schnell und sehr bedrohlich näher. Kurz vor dem Ende des Sees hob sie ab und streifte fast die Baumwipfel am Ufer. Lachend bemerkte der Spaßvogel am Steuer, dass es gerade noch mal gut gegangen wäre.
„Das macht der immer so, glaub mir, ihm macht das Spaß, Neulinge oder Touristen zu schocken."
Also, das war ihm bei mir voll gelungen. Nur langsam kehrte meine gewohnte Gesichtsfarbe zurück. Als ich mich wieder erholt hatte und den Flug nun richtig genießen wollte, setzte er auch schon wieder zur Landung an.
„Wieso machen wie einen Zwischenstopp?", fragte ich verwundert.
„Wir sind da", bemerkte der Pilot.
„Wieder einer seiner Späße?", fragte ich lachend.
„Nein, das ist der See und dort drüben ist die Hütte", sagte er freundlich.
Ich konnte es nicht fassen. Von oben sah das alles so anders aus. Tage war ich durch diesen Busch gelaufen oder besser gestolpert und nun waren wir in einer dreiviertel Stunde da.

Er landete so gekonnt, wie er gestartet war und fuhr oder besser schwamm genau an die Stelle, die der Hütte am nächsten war. Schnell war alles ausgeladen. Wir verabschiedeten uns. In drei Tagen, genau um diese Zeit, wollte er wieder hier sein.

Da war ich nun wieder an dieser Hütte. Schneller, als ich gedacht hatte und sogar mit dieser schönen Frau. Meilenweit weg von allen, nur sie und ich. Mut hatte sie, dass musste ich ihr lassen. Gespannt ging sie in Richtung Tür. Als ich ihr die Mechanik der Türverriegelung zeigte, war sie richtig stolz auf ihren Großvater, denn auf so etwas zu kommen, dazu gehörte eine Menge Einfallsreichtum und Kreativität. Ich erzählte ihr, wie lange ich gebraucht hatte, bis ich dahinter kam und wie es funktionierte. Deutlich spürte ich ihre Anspannung, als sie sagte: „Ich weiß gar nicht, wo ich anfangen soll. Die Hütte, das Gold, die ganze Gegend. Hier verbrachte also mein Großvater einen großen Teil seines Lebens und er war hier immer allein." Sie holte tief Luft und drehte sich langsam einmal im Kreis. „Wie schön es hier doch ist! Hat es dir auch gefallen, so allein?" Nachdenklich sah ich zum See und ehe ich antworten konnte, war sie in der Hütte verschwunden. „Ist ja total klasse! Ein oder zwei Stunden Arbeit und es ist richtig gemütlich."

Überall das Gleiche, mit den Frauen, dachte ich so bei mir, als sie schon wieder mit ernstem Gesicht auf mich zukam. „Zeig mir bitte die Mine."

„Es ist aber sehr gefährlich, du weißt, mein letztes Stündlein hätte hier fast geschlagen."

„Ja, ich weiß. Was schlägst du vor?"

Wir einigten uns, dass sie die Hütte so herrichtete, damit sie es die drei Tage einigermaßen gemütlich hatte. In der Zeit wollte ich den Eingang der Mine frei räumen, den ich bei meiner Abreise von hier gut verbarrikadiert hatte. Einige Meter entfernt war das andere Gold versteckt. Davon wusste Julia noch nichts. Ich wollte sie damit überraschen. Also ging die Arbeit los. Aber schon nach ein paar Minuten stand sie wieder neben mir und sagte: „Ich halte es da drin nicht aus, lass mich dir helfen. Die Hütte ist dann schnell als Nachtlager für uns vorbereitet."

„Wieso für uns? Du schläfst in der Hütte und ich draußen, ich habe extra alles dafür mitgenommen."

Ein Wort gab das andere und schließlich war es entschie-

den, ich schlief unter dem Sternenzelt. „Du bist ja ein richtiger Gentlemen“, sagte sie, als wir vorsichtig in die Mine gingen. Schon nach einigen Metern konnten wir die Einsturzstelle erkennen und auch das kleine Loch, durch das ich zurück ins Leben gekrochen war. Nichts hatte sich verändert. Wir standen nun genau unter dem Gewölbe, das durch den Einsturz entstanden war. Im Lichtkegel unserer Taschenlampen war das Glitzern genau zu erkennen. Julia stand mit offenem Mund dicht neben mir. Ihre Augen waren wie festgeklebt an dieser Decke und sie konnte das alles nicht fassen. Wieder rollten ihr die Tränen, dann sah sie mich an und fiel mir um den Hals. Fest drückte sie sich an mich. Ich spürte ihre Haare in meinem Gesicht, ihren Körper an meinem, ihren Duft. Das war fast zu viel für mich, haute mich mehr um als das ganze Gold über uns.
„Sag, dass ich nicht träume, sag dass das alles wahr ist, ich glaub das noch nicht!“
Vorsichtig löste ich mich aus der Umklammerung, ohne ihre Hände loszulassen. „Es ist alles so, wie du es siehst und nun mach das beste daraus.“

„Was nun?“, fragte sie. „Wie kommen wir da ran?“
„Auf alle Fälle schön vorsichtig, ein Einsturz kann immer wieder passieren. Ich muss diese Stelle erst sichern, bevor wir loslegen, aber jetzt habe ich Hunger und Durst.“ Der Tag ging schnell dahin. Ich hatte mit der Absicherung in der Mine begonnen. Nun saßen wir auf der Treppe, die auf die kleine Terrasse führte. Es dämmerte bereits und die ersten Sterne waren zu sehen. Ein kleines Feuer, das vor uns brannte, sorgte nicht nur für eine romantische Atmosphäre, sondern brachte auch angenehme Wärme, denn nun waren die Abendendstunden schon merklich

kühl. Plötzlich stand sie auf und ging in die Hütte, um einen Augenblick später wieder neben mir zu stehen. Sie hielt eine Flasche in die Luft und rief: „Überraschung! Auf Weingläser müssen wir hier allerdings verzichten!“ Unsere Trinkbecher waren nun Weinkelche, die Hütte ein Palast und diese Schöpfung um uns herum das Paradies. So empfand ich es in diesem Augenblick. Ich fühlte mich wie einst in traumhaft schönen Stunden mit Anke.

Aber dieses schöne Wesen neben mir nahm mir nun doch den sonst immer anschwellenden Schmerz, wenn die Gedanken meine große Liebe erreichten. Ich sah ihr in die Augen. Nein, Julia war nicht Anke, dachte ich, ja - so bezaubernd und wunderschön wie sie, aber... Was aber?, dachte ich. Wie betrunken taumelten meine Gefühle. Irgendwie war jetzt alles anders. Immer noch sah ich hinein in diese wunderschönen Augen und versank in ihnen so wie einst in die Augen von Anke. Schnell riss ich mich aus dieser Situation, sah in die Sterne und sagte: „Ich habe auch eine Überraschung für dich, hab einen Augenblick Geduld.“ Ich ging in Richtung Mine und als ich im Dunkeln verschwand, rief sie mir noch nach: „Wo willst du denn hin?“

„Komme gleich wieder!“, rief ich zurück. Im hellen Schein der Lampe war der Ort der Schatzgrube schnell gefunden und genau so schnell hatte ich die wertvollen Bündel geborgen.

„Das ist doch mindestens auch ein Kilo. Du hattest es versteckt?“ Ich spürte, wie glücklich sie war. Sie nippte am Wein und ihr verträumter Blick versank am Firmament. Wenig später lag jeder auf seinem Lager, Julia in ihrer Hütte und ich wieder unter den Sternen. Aus alter Gewohnheit waren meine letzten Gedanken da, wo sie immer waren, bei Anke. Julia dachte jetzt bestimmt an ihren Großvater.

Die beiden nachfolgenden Tage waren mit der Sicherung der Mine, den notwendigen, lebenserhaltenden Maßnahmen und auch gemütlichen Pausen gefüllt. Julia hatte aus der Hütte ein, so gut es ging, gemütliches Heim gemacht. Sogar frische Gräser waren gekonnt zurechtgebunden und dekorativ platziert. Man spürte die Hand einer Frau und in ihrem Fall auch die der Künstlerin. Wir hatten an diesem zweiten Tag einige Säckchen von diesem Edelmetall geborgen. Das war bereits ein Vermögen, aber die Mine hatte noch vieles zu bieten. Für den Anfang sollte das reichen, denn morgen um die Mittagszeit holte uns die Maschine schon wieder ab. Eigentlich schade, dachte ich, hätte noch einige Zeit so gehen können.

Der Tag ging dem Ende entgegen. Es war wieder ein wundervoller Abend. Die Stunden an diesem herrlichen Fleckchen mit Julia vergingen wie im Flug. Ich hoffte, dass ich im nächsten Jahr wieder hier sein konnte, um ihr bei der Arbeit zu helfen, aber auch, um in ihrer Nähe zu sein. Ja, ich fühlte mich wohl in ihrer Nähe. Aber damals machte ich mir noch keine Gedanken darum, ich genoss es einfach.

Julia war die gesamte Zeit voller Dankbarkeit und konnte es immer noch nicht verstehen, warum ich so gehandelt hatte.

In diesen Stunden träumte sie viel von der Zukunft. Sie sagte, dass sie sich wirklich freuen würde, wenn ich hier bliebe. „Du hast doch jetzt genug Geld, um dir hier eine Existenz aufzubauen“, sagte sie plötzlich. Ich musste wohl sehr komisch geguckt haben, denn gleich darauf

sprach sie weiter: „Natürlich gehört dir die Hälfte von unserem Fund."
Ich hatte zwar, um ehrlich zu sein, mit einem kleinen Anteil gerechnet, aber nicht mit der Hälfte. Nun war ich der Überraschte und sah sie fragend an. „Wir sind Partner", sagte sie strahlend und kramte erneut eine Flasche von dem köstlichen Wein hervor. Wieder saßen wir unter einem herrlichen Sternenzelt, nur diesmal unten am See. Ich hatte mit der Iso–Matte und meinem Schlafsack einen gemütlichen Sitzplatz gebaut und wir verträumten diesen herrlichen Abend ohne viele Worte.
Das Knistern des Feuers und das Geheul der Kojoten verschmolzen wieder zu einer Abendmelodie. Lange saßen wie nur so da und ließen uns von dieser Atmosphäre verzaubern, als sie plötzlich sagte: „Mein Großvater war sehr alt und ein echter Ureinwohner. Er hing sehr an unseren Bräuchen. Von den Weißen hat er nicht viel gehalten und mied sie auch. Als meine Mutter schwanger wurde und auch noch von einer Kalkleiste, wie er immer die Weißen abwertend nannte, brach für ihn eine Welt zusammen. Meine Mutter starb dann bei meiner Geburt und er sah darin einen Fluch. Ich habe meinen Großeltern sehr viel zu verdanken und ich musste ihm am Totenbett versprechen, mich nie mit einem Weißen einzulassen. Allerdings hat mir die Ehe mit einem von uns auch nur Leid gebracht. Danach war die Sache mit den Männern erstmal für mich erledigt. Ich fand die Liebe in dem, was ich tue und bin dabei glücklich." Sie sprach ruhig und sehr langsam, so, als würde sie bei jedem Wort überlegen, ob es auch das Richtige ist. „Was nun die Sachen mit den Weißen betrifft, weiß ich nicht, was richtig und falsch ist. Ich kenne viele Weiße, die meisten sind in Ordnung. Es gibt

doch überall tolle Menschen und überall auch Schurken. Egal, welche Hautfarbe sie haben. Mein Großvater wird bestimmt nun auch besser über alles Bescheid wissen und von oben lächelnd auf uns blicken. Ich bin doch selbst zur Hälfte eine Weiße und gerade die Erfahrung der letzten Tage sollten mich nun endgültig frei von Vorurteilen machen."

Danach war es ruhig, sprachen wir wenig, spürten nur noch die Herrlichkeit dieser Stunde. Nur ab und zu sah sie mich an, immer so, als wollte sie mir doch noch eine Frage stellen, aber sie schwieg. Plötzlich beugte sie sich zu mir rüber, gab mir einen Kuss in den Mundwinkel und stand auf. Im Gehen sagte sie noch: „Ich bin froh, das es dich zu uns getrieben hat und das meine ich nicht nur des Goldes wegen."

Mein doch sehr überraschter Blick folgte ihr. Sie drehte sich noch einmal um und bevor die Dunkelheit sie umhüllte, winkte sie mir noch einmal zu, nur so mit den Fingerspitzen.

Jetzt saß ich allein am Ufer, wie so oft in den vergangenen Wochen, hinter mir die Hütte und das viele Gold, nur es war alles total anders, ich war glücklich, ein Gefühl, dass ich schon zu vergessen geglaubt hatte. Was war das für ein Gewinn! Aber was hatte ich verloren, welche Verluste hatte ich ertragen? Kein Gold der Welt hätte ich damals für Anke eingetauscht, aber das Schicksal oder der tief in meinem Unterbewußtsein verankerte Wunsch, so ein Leben zu führen hatte anders entschieden. Mein Blick wanderte über den See, hinüber zu den Bergen, die wohl immer ihre weiße Mütze tragen. Der Mond, schön wie auf einem Gemälde, stand wieder direkt über den eisbedeckten Gipfeln. Sie glänzten wie Zuckerguss und in diesem Augenblick glaubte ich mal wieder, am schönsten Ort der Welt zu sein.

Wieder krallte sich mein Blick aus alter Gewohnheit an diesem Mond fest und vermutlich durch die immer noch vorherrschende Gedanken nach der Liebe meines Lebens spielte mir meine Phantasie das Antlitz von Anke ein. Deutlich konnte ich ihr Gesicht erkennen, ihre wunderschönen Augen und ihr zauberhaftes Lächeln. Wie abwesend, genoss ich dieses Bild. Doch plötzlich, langsam, ganz langsam, verblasste diese Erscheinung. Ich versuchte sie mit aller Kraft festzuhalten. „Bleib bei mir!", sagte ich wie flehend mit leiser Stimme. Aber wie am Ende eines Filmes blendete mein Verstand es wohl aus. Sollte es nun vorbei sein und den endgültigen Abschied von den traurigen Gedanken, von immer wiederkehrenden, schmerzhaften Gefühlen besiegeln? Der Mond spiegelte sich direkt vor mir im Wasser und einige Tränen brachten ihn auf der spiegelglatten Oberfläche zum Tanzen. Er wankte vor und wieder zurück, teilte sich und setzte sich wieder zusammen. Und als wenn er plötzlich Flügel bekäme, schwebte er mit den kleinen kreisrunden Wellen davon und mit ihm diese so lang anhaltende Qual einer verloren gegangenen Liebe. Ich wusste nicht, wie lange ich da noch so saß und wie abwesend in das Dunkel starrte, aber ab nun hatte dieser See seinen Namen. Von diesem Augenblick an nannte ich ihn den „TRÄNENSEE".

Nun, am Ende dieser Reise angelangt, wusste ich, dass alles, was ich in den letzten Monaten erlebt hatte und vor allem das, was noch vor mir liegen sollte, nur durch diese Liebe geschehen konnte. Anke war der Auslöser all meiner Abenteuer und meines nun neuen Lebens. Für diese Änderung meines gesamten Seins, für die Fähigkeit, die Liebe nun bedingungslos zu empfinden, dafür, dass ich das begreifen und erleben durfte, werde ich Ihr auf ewig dankbar sein.

Was mich nun wirklich glücklicher gemacht hätte, kann ich auch heute noch nicht sagen. Aber ich glaube, ich wäre es auch mit Anke geworden. Denn meine Gedanken sind hin und wieder bei ihr, bei dieser Frau, die für eine kurze Zeit mein Leben mit so viel Glück und Liebe erfüllte und als es vorbei war, eine Veränderung herbeiführte, die mich im wahrsten Sinne des Wortes auf einen Pfad schickte, den ich mir selbst in meinen kühnsten Träumen, niemals hätte vorstellen können.

…Übrigens, die Agave hat niemals geblüht, trotz der erforderlichen Schutzmaßnahmen erfror sie im sehr kalten Januar des Jahres 2006.

So blieb nur noch die Erinnerung an eine Frau, an eine Liebe, die so groß war und an den Namen, den sie trug …

ANKE

Natürlich geht dieses Abenteuer weiter,
aber das ist eine neue Geschichte